LA HUELLA NARCISISTA

ESTRATEGIAS DE ESCAPE

ANALÍA FORTI

LA HUELLA NARCISISTA

ESTRATEGIAS DE ESCAPE

VERGARA

Papel certificado por el Forest Stewardship Council®

Primera edición: noviembre de 2024

© 2024, Analía Forti
© 2024, Penguin Random House Grupo Editorial, S.A.U.
Travessera de Gràcia, 47-49. 08021 Barcelona
© 2024, Penguin Random House, S. A., Humberto I, 555, Buenos Aires

Penguin Random House Grupo Editorial apoya la protección de la propiedad intelectual. La propiedad intelectual estimula la creatividad, defiende la diversidad en el ámbito de las ideas y el conocimiento, promueve la libre expresión y favorece una cultura viva. Gracias por comprar una edición autorizada de este libro y por respetar las leyes de propiedad intelectual al no reproducir ni distribuir ninguna parte de esta obra por ningún medio sin permiso. Al hacerlo está respaldando a los autores y permitiendo que PRHGE continúe publicando libros para todos los lectores. De conformidad con lo dispuesto en el artículo 67.3 del Real Decreto Ley 24/2021, de 2 de noviembre, PRHGE se reserva expresamente los derechos de reproducción y de uso de esta obra y de todos sus elementos mediante medios de lectura mecánica y otros medios adecuados a tal fin. Diríjase a CEDRO (Centro Español de Derechos Reprográficos, http://www.cedro.org) si necesita reproducir algún fragmento de esta obra.

Printed in Spain – Impreso en España

ISBN: 978-84-18045-95-0
Depósito legal: B-14.519-2024

Compuesto en Llibresimes, S. L.

Impreso en Limpergraf, S. L.
Barberà del Vallès (Barcelona)

VE 4 5 9 5 A

A mi padre, **Aníbal H. Forti**
A mi esposo, **Julio H. Gorriti**

PALABRAS DE LA AUTORA

La Huella

Caminábamos juntos hacia la playa de arenas claras y suaves, como cada verano. Sin embargo, esta vez habíamos notado algo diferente, aunque era tan sutil que nos tomó un tiempo darnos cuenta. El territorio había cambiado, se había modificado el suelo. Conocíamos el lugar como la palma de nuestra mano y sabíamos exactamente las tácticas para realizar la travesía a través de las imponentes dunas. Solo que, esta vez, esas tácticas no servían porque el mapa no era el territorio. El suelo se había modificado y la camioneta no podría pasar a través de ese extraño lodo que se había formado donde los veranos anteriores había flamencos y cisnes de cuello negro. La crecida del río Quequén a causa de la copiosa lluvia semanas atrás había transformado el suelo y ya nada era igual. Estábamos en el mismo lugar, el paisaje se asemejaba, pero ya no era el mismo territorio. El sol del mediodía era abrasador y sus rayos se clavaban en nuestra cabeza como puñales afilados, mientras la arena caliente encendía como fuego la suela de nuestro calzado.

Todavía teníamos que atravesar la duna más imponente del lugar, llamada «la mulita» debido a su forma vista desde lejos. Ascender la duna a pie era imposible, eso estaba claro. Hacer la travesía hacia la costa sobre el lodo no era una opción porque quedaríamos atrapados, hundiéndonos sin posibilidad de rescate. Como tantas otras veces en la vida, nos miramos con Juli y dijimos «Por aquí no es». Y eso estaba claro, por ahí no era.

En nuestra pareja yo soy la innovadora, la creativa, y Juli es el de las *ideas prácticas, las acciones concretas y las estrategias efectivas. Yo imagino, creo y sueño. Juli baja todo eso a tierra y lo vuelve posible y real.*

Esta vez no fue la excepción. Yo quería recorrer a pie las playas vírgenes del otro lado de la bahía, más allá de la casa de Roberto, y Juli estaba evaluando cómo hacerlo en un territorio que había cambiado por completo y con un suelo que se había vuelto peligroso, en una zona alejada de todo y de todos. De pronto señaló con su dedo índice y me dijo «Vamos a ir por la huella. ¿Ves la huella? Por esa huella el suelo está más firme y el lodo está más seco. Sígueme y no te apartes de la huella. Esa huella la dejaron los que pasaron y llegaron a la costa a salvo sin hundirse. No te apartes de la huella, ¿ok?». ¡Entendido, capitán! Lo había dicho con una determinación que no admitía ningún cuestionamiento y, para ser sincera, yo tampoco veía ninguna otra opción (de hecho, ni siquiera había visto la huella). Conociéndome como me conoce, Juli pisó una vez y afirmó su pisada, luego dio otro paso y otro más. Se giró y me recordó, mirándome con sus ojos verdes miel: «Sigue la huella», y ahí fuimos en fila india, solo que yo ya no estaba allí.

Mi mente ya no estaba allí.

Mi cuerpo avanzaba, pero mi mente estaba en «la huella», aunque no en esa huella sino en «la huella narcisista».

El día anterior había terminado de escribir este libro frente al mar y lo tenía listo para enviar a la editorial. Sin embargo, esa travesía tendría sin saberlo un impacto en el libro.

La huella...

Mientras caminaba y seguía la huella, mi mente cabalgaba en pensamientos que aparecían y se desvanecían a toda velocidad de manera imparable.

¿Acaso cuando estás en una relación con un narcisista no crees conocer a la persona con la que estás hasta que un día, por alguna situación, te encuentras con alguien totalmente diferente de quien conocías?

Y cuando tuviste una experiencia con un narcisista, fuera pareja, padre, madre, hermano, compañero de trabajo, amigo o jefe, ¿acaso no dejó una huella en tu vida?

Y aun cuando hayas logrado salir de esa relación y establecer contacto cero, y ahora estés a salvo, ¿no dejó esa experiencia una huella en ti?

Entonces...

Si describo y explico esa huella que el narcisista dejó en ti, cuando algún otro se encuentre atrapado en el lodo narcisista, donde todo es oscuridad, ¿acaso mostrarle la huella no funcionará como una estrategia de escape para poder identificarlo y conocer las estrategias de salida?

¡Claro que sí!

¿Y si narro relatos de víctimas de abuso narcisista, la huella y la estrategia de escape no serán más claras todavía?

Sin duda que sí.

Perdida en estas cavilaciones, y ya en un estado de trance donde no sentía ni siquiera los rayos del sol sobre mi cabeza, oí la voz de Juli. ¡Ahí está tu mar!

Como si un trueno me trajera de nuevo a la realidad, levanté la mirada y ahí estaba mi mar de aguas turquesas y tibias. Sentí ese aroma inconfundible del océano, escuché el vaivén incesante de sus olas y el sonido del viento que azotaba las dunas. Una playa virgen inimaginable, de ensueño, inmensa, toda para mí. Sentí la más absoluta libertad. Juli me dijo ¡Vamos, métete en tu mar! Y salí corriendo al encuentro de las olas y le grité, mientras me miraba desde la playa: «¡Ya tengo el título del libro! ¡La huella narcisista! ¡Mañana lo mando a la editorial! ¡Después te explico!».

Y aquí está La huella narcisista.

La huella que fue ideada y escrita para orientar a cada uno de los lectores y guiarlos en esta travesía del abuso narcisista, para que puedan llegar a la costa a salvo, siguiendo la huella.

Gracias, Juli.

Gracias, Reta.

Gracias a ti que como lector estás siguiendo la huella, «la huella narcisista» que te va a guiar, mostrándote el camino para no hundirte en el lodo oscuro y perverso del terrorismo psicológico.

Gracias a todos los que me aportaron su experiencia en vínculos narcisistas para que sus relatos fueran parte de «la huella».

Seguid la huella y no os apartéis de ella, porque la huella la dejaron quienes llegaron a la costa a salvo y sin hundirse en el lodo.

¡Seguid la huella narcisista, que al otro lado está la libertad!

Lic. Analía Forti

ESAS PUTAS BANDERAS ROJAS

Esas que te alertan porque el depredador está cerca.
Ya sé, estás leyendo la primera página de este libro y pensando que te ha chocado esa primer oración. Ya me lo imagino, te ha chocado «putas», porque «banderas rojas» no tiene ninguna carga cultural, ni de mandatos ni de prejuicios. Son simples banderas rojas y las ves en la playa advirtiendo que el mar está peligroso. Lo que te ha chocado ha sido «putas» porque esa palabra sí está contaminada de cuestiones culturales. Y te confieso que, habiendo podido elegir muchas otras, elegí esa con toda intención, precisamente para que te choque, te impacte y te genere algo (aunque sea curiosidad). Para ser sincera, prefiero que te choque «putas» y no que pases por alto las «putas banderas rojas» y termines chocando de frente con vínculos abusivos en todos los ámbitos de tu vida porque no los sabes identificar.

Y es obvio que no los vas a identificar porque pueden oler bien, vestir mejor, tener un título universitario y no decir malas palabras. De verdad, prefiero que te choques de frente con el «putas» de las putas banderas rojas. Si te hace sentir mejor llamarlas *«red flags»* no hay problema, adelante, es lo mismo, pero suavizado por un idioma que no es el nuestro y cuyas expresiones carecen a mi gusto de la contundencia necesaria para decir ciertas cosas. Ya la pronunciación le baja el precio a la expresión. *«The fucking red flags»* nunca resonará igual que «las putas banderas rojas». De todos modos, nómbralas como prefieras, lo único importante, y el objetivo primordial de este libro, es que aprendas a identificarlas para marcharte a tiempo (no para quedarte a ver si las puedes teñir de celeste). Las «benditas banderas celestes» tienen que ser originariamente celestes, de lo contrario destiñen.

Banderas celestes de mares serenos, de aguas mansas. Mares que no son turbulentos como los buenos amores. Esos amores buenos y mansos que, aunque no lo creas, existen. Amores de los buenos como los mares mansos.

Ya superado el tema del título, vamos a ir más profundo.

Las «putas banderas rojas» son esas señales de alerta en la conducta de algún individuo que te hacen ruido, te resuenan raro, de alguna manera te alertan sobre algo sin saber bien sobre qué y a veces son tan sutiles que te hacen dudar de ti y de tus percepciones. Algo te dice que por ahí no es, te advierte que mejor no, te incomoda como para que te salgas y entonces decides que la señal no es clara, o no lo suficientemente clara, o bien que no tiene la fuerza suficiente como para oponerse a tu deseo y sigues adelante. La socorrista que te habita ha interpretado mal el viento, la marea y las condiciones del clima y ha colocado una bandera dudosa, y tú tienes muchas ganas de entrar al océano, por lo cual te sirve creer que la bandera es dudosa. Entonces te adentras sin más.

Ya con la primera pisada te das cuenta de que, además de la bandera que te pareció dudosa pero no peligrosa, el agua está helada y la primera rompiente te deja revolcándote entre olas que no paran de golpearte y tragando agua. Sin poder apenas respirar, haces un esfuerzo y te pones de pie. Miras la bandera de nuevo, después el mar, y ves que se ha calmado y vuelves a confirmar que la bandera es dudosa y que las olas te han tumbado de pura casualidad... Y sigues adentrándote porque, pasando la segunda rompiente, el mar se observa manso como una piscina. Y allá vas.

Como has pasado por alto las putas banderas rojas, cuando llegas a la segunda rompiente ya te has roto. Y es que las putísimas banderas rojas son señales, alertas, alarmas, que te dicen: *¡Peligro, detenerse, no avanzar!* Pero tú sigues adelante una y otra vez porque para ti las banderas nunca son tan rojas ni sus señales son tan claras. Niegas para hacer prevalecer tu deseo, aunque te conduzca al mismísimo infierno, que para ti no es infierno sino un lugar calentito (bueno, quizá un poco más de lo normal). Pero infierno no. Infierno es demasiado. Y así pasas por alto todas las putas banderas rojas una y otra vez. Eso sí, cuando te quedas fuera de combate en destrucción total y todos tus neurotransmisores desplomados, con el cerebro cerrado por derribo, me escribes para decir que no puedes más, que no sabes qué te pasa, que no puedes pensar bien ni concentrarte, que tienes olvidos, que dudas de ti y tus percepciones, que sientes que estás enloqueciendo. Y yo te miro con afecto y te digo «Pasaste por alto las putas banderas rojas». Otra vez y van... (ya hemos perdido la cuenta).

A este último que desde el primer momento mostró señales claras de «mil putas banderas rojas» tú decidiste regalarle el beneficio de la duda porque te pareció que sus conductas tenían apenas grado de tentativa y le tendiste un puente de plata.

Para ti todos tienen el derecho de acceso a la posibilidad de «bandera celeste». Eres militante de las «banderas celestes» y, aunque no califiquen, les otorgas una especie de recurso de amparo emocional: *«Los portadores de banderas rojas gozarán de protección afectiva y se les otorgará el derecho de acceder a la bandera celeste»*. El resultado es siempre el mismo, la bandera siempre fue roja y te advertía del peligro para que pudieras irte, pero decidiste darle una oportunidad y quedarte porque nunca las putas banderas rojas te parecen lo suficientemente rojas.

Bueno, este libo es para ti.

Para ver si logras detenerte cuando identifiques las putas banderas rojas.

Lic. Analía Forti

Dios sabe.

Cuando un narcisista no consiga manipularte, controlarte, callarte y someterte, se dedicará a destruirte para deshacerse de tu existencia.

Lic. Analía Forti

La personalidad narcisista

La personalidad narcisista es una estructura inmodificable, por lo que terapéuticamente no hay nada que se pueda hacer para generar un cambio. Por este motivo no se puede confiar en que ese cambio exista y es mejor salirse de la relación cuanto antes.

Si bien es complejo de comprender para quienes no son especialistas en la temática, es importante detenerse a explicar que un narcisista no necesita ser atacado para volverse tu enemigo. Se trata de una estructura de personalidad, de un modo de ser inmodificable. Es un enemigo gratuito, sin causa, sin que su conducta responda a una provocación o un ataque.

En una personalidad narcisista hay un patrón de conducta que se expresa como una importancia sobredimensionada de sí mismo y un no registro del otro como sujeto (no hay un registro del otro como persona-ser sintiente), razón por la cual (si el otro no es un sujeto) no tendrá en cuenta ningún tipo de límites ni considerará sus derechos como persona, y tampoco sus deseos ni sus necesidades. Recuerdo cuando ella me mostró aquel mensaje en que él le decía (después de haber terminado su relación hacía ya tiempo), mientras tocaba incesantemente el timbre en la puerta de su casa: *«Tengo algo que contarte, me tienes que escuchar y no me voy a ir hasta que lo hagas»*. El límite que representaba que ella no le abriera la puerta no existía para él; el límite de su «no» a una relación que ella había dado por terminada tampoco lo era; su derecho a no querer tener contacto con él no tenía ninguna relevancia. Solo importaban su deseo y su necesidad (él tenía que contarle algo y no se iría hasta conseguir su objetivo).

Al no existir para ellos el otro como sujeto, no hay manera de que puedan establecer con alguien una relación equilibrada y en la cual haya una retroalimentación (tus necesidades y las mías, mis deseos y los tuyos). Y no es que no puedan establecer una relación equilibrada **contigo**: es que no pueden con **nadie** (porque el otro como sujeto no existe para ellos, ni tú ni ningún otro).

Las ***conductas narcisistas*** aisladas pero reiteradas en el tiempo se transforman en un ***rasgo narcisista*** (si esos rasgos son varios, la personalidad puede no ser narcisista, pero tener varios rasgos narcisistas, por lo cual tenderá a establecer con los otros relaciones denominadas actualmente como ***tóxicas***) porque su estilo de vinculación con los otros se basará en el ***uso y descarte***, sin importarle el daño que pueda causar a las personas. Una de las conductas que mayor daño causa es el denominado ***descarte narcisista*** (hoy eres lo más importante de su vida y mañana te desecha como si fueras descartable). Recuerda que para ellos ***no eres un ser sintiente***.

Las conductas que consisten en disminuir, infravalorar y descalificar a otra persona con el único objetivo de agigantar el propio yo y engrandecerse son conductas narcisistas.

La personalidad narcisista reúne los rasgos narcisistas y se comporta de manera permanente y rígidamente de esa forma (haciendo circular chismes, triangulando, no reconociendo sus errores genuinamente, culpando a los demás de todo, desatando su ira cualquier situación que no se presente como ellos querían y descalificando a todos para engrandecerse, usando y descartando sin importarle el daño que causen y no registrando al otro como persona).

Uno de los mayores problemas con la personalidad narcisista es la normalización social que existe de sus conductas y la confusión con respecto a ellas (ya que se considera que ser fuerte, con una alta autoestima y seguridad personal, supone una conducta narcisista), cuando ninguna de estas características tiene una relación con el narcisismo.

En la personalidad narcisista hay precisamente todo lo contrario: baja autoestima, inseguridad personal y un niño roto dentro que busca compensar engrandeciéndose a través de conductas vinculadas al poder y el control. Sin embargo, esto no significa que la personalidad narcisista deba ser victimizada, porque el narcisista estructural no padece su forma de ser ni le importa ser como es y causar el daño que causa.

La personalidad narcisista estructural es la principal causante de violencia psico-emocional en las relaciones.

Se trata de una violencia que causa estragos en la personalidad, pero es muy difícil de demostrar, por lo cual es complejo judicializarla.

La prevención es la clave para poder identificar este trastorno de personalidad y tomar distancia a tiempo.

El trastorno narcisista de la personalidad, según el DSM-5, se caracteriza por un patrón dominante de grandeza (en la fantasía o en el comportamiento), necesidad de admiración y falta de empatía, que comienza en las primeras etapas de la vida adulta y se presenta en diversos contextos. Dicha personalidad se manifiesta con:

- Sentimientos de grandeza y prepotencia (p. ej., exagerar los logros y talentos).
- Estar absorto en fantasías de éxito, poder, brillantez, belleza o amor ideal ilimitado.
- Creer que uno es especial y único.
- Necesidad excesiva de admiración.

- Mostrar un sentimiento de privilegio (es decir, expectativas no razonables de tratamiento especialmente favorable o de cumplimiento automático de sus expectativas).
- Explotar las relaciones interpersonales (aprovecharse de los demás).
- Falta de empatía.
- Envidia a los demás o creer que estos sienten envidia de uno.
- Comportamientos o actitudes arrogantes, de superioridad.

El egocentrismo

El narcisista tiene un aspecto que es el egocentrismo. Ese se refiere a su mundo interno, a su realidad psíquica centrada en sí mismo, en sus propias necesidades y deseos, pero sin tener en cuenta al otro. En el narcisista todo gira en torno a sí mismo, y siendo como somos seres humanos y sociales por naturaleza (nos construimos junto a otros) esto resulta un aspecto patológico.

Las necesidades del narcisista están vinculadas a mantener su falso y grandioso *self* (ocultando su verdadero ser) y a la liberación tensional que le producen las pocas emociones (negativas) e incómodas que puede llegar a experimentar.

Los narcisistas trabajan arduamente para lograr sus objetivos y los logran, aun si tienen que tejer sus telarañas durante mucho tiempo para que sus víctimas queden atrapadas, si eso satisface sus necesidades. De ser necesario para sus metas, se ocupará de «cazar presas» (personas de su entorno) y reclutarlas para manipularlas y hacerlas funcionales a sus objetivos.

Los narcisistas viven centrados en la necesidad de validación externa porque su autoestima es inexistente (por este motivo, y para lograr equilibrar esa realidad psíquica, necesitan del combustible que obtienen de los demás con sus reacciones emocionales, su atención y sus halagos y reconocimientos). Su egocentrismo se basa en su dedicación a cuidar su falso *self* y su grandiosidad. Sin embargo (y aunque sorprenda), son personalidades altamente dependientes (no emocionalmente dependientes) del suministro narcisista que otros les puedan brindar. El suministro narcisista es la atención del otro y sus reacciones emocionales, y con él suplen sus carencias. Ese combustible que necesitan son tus emociones (tu atención, tus respuestas, tu risa, tu llanto, tus gritos, tus celos, tu enojo), algo de esta energía de tus emociones que penetre en su área mental para suplir sus vacíos. Son adictos a ese suministro narcisista y por eso lo buscan continuamente, pues su vacío es inmenso, sin fondo e imposible de llenar.

A este egocentrismo y delirio de grandiosidad (que les hace creer que todo lo pueden, todo lo merecen y todo les debe ser dado) se suman fantasías de poder, de relevancia y de grandeza con una falsa apariencia de alta autoestima (sin embargo, hay en ellos un sentimiento constante de insuficiencia) por la falta de una identidad sólida. Su vacío interior es imposible de llenar (por eso les brindes lo que les brindes, hagas lo que hagas, nunca vas a verlos felices ni vas a ser suficiente para ellos) porque dentro de ellos solo hay oscuridad y viven al borde de un precipicio que los lleva a buscar más y más suministro narcisista (combustible) para calmar ese vacío (sin lograrlo jamás). Están rotos y viven esclavos de ellos mismos, sujetos al abismo de su vacío interior.

Buscan vincularse con personas que tengan reconocimiento social (que ellos consideren a su nivel) para reforzar sus ideas de grandiosidad y siempre buscarán estar en puestos de poder y lugares de jerarquía, buscando obtener reconocimiento con premios o certificaciones que puedan convencer a los demás (y a sí mismos) de su genial superioridad.

Es habitual que tengan ciertas obsesiones vinculadas a la estética, el cuerpo, la posición social, el dinero y la imagen ante los otros. No son obsesiones vinculadas a un Trastorno Obsesivo Compulsivo, sino vinculadas al cuidado de su falsa imagen, de su grandiosa trayectoria y a controlar que ningún elemento de la realidad desmienta todo eso. Para lograr este objetivo también utilizan a las personas para que les brinden el realce que necesitan y les devuelvan la imagen de sí mismos que necesitan (grandiosa y superior al resto de los seres humanos).

Falta de empatía

En el narcisista, la falta de empatía se corresponde con un vacío afectivo básico que implica la incapacidad de ponerse en el lugar del otro, de comprender afectivamente sus emociones y compararlas con sentires, vivencias y experiencias propias. El narcisista no conecta con los demás seres humanos ni con otros como él, y menos aún con su mundo interno. Al no haber una conexión con su mundo interno carecen de la capacidad de hacer introspección y analizar su conducta, sus pensamientos y sentimientos. Esto hace que una terapia para ellos resulte inviable.

Incapacidad de amar

La capacidad de amar (dar amor y recibirlo) es uno de los más representativos valores humanos, una energía que nos permite darnos a los otros. El narcisista tiene una deficiencia emocional básica y es su incapacidad de amar; por eso se dedica a destruir la vida de las personas empáticas capaces de amar y construir relaciones que tienen esa energía de amor de base (pareja, familia, amistades).

Tipos de narcisistas

Narcisista estructural

Su estructura intrapsíquica ya se encuentra configurada, de modo que actúa, piensa y siente de forma narcisista, y este es su estilo de vida. Son inflexibles, sin disposición a la autorreflexión. Inmodificables.

Narcisista encubierto

Son peligrosos porque consiguen enmascararse bajo acciones serviciales, de benevolencia, de solidaridad, de gran humanidad y de falsa humildad. Todo actuado y fingido para camuflarse y no ser descubiertos. Son camaleónicos.

Narcisista histriónico

Resulta evidente que son narcisistas por su histrionismo y necesidad constante de llamar la atención y ser el centro. Actúan de manera prepotente y pueden llegar a atacar físicamente. Es el tipo de narcisista que el DSM-5 menciona en su clasificación como Trastorno Narcisista de Personalidad.

Psicópata (narcisista antisocial)

Sin lugar a duda es el narcisista más peligroso y oscuro. Es un tipo de personalidad narcisista antisocial, cuyo patrón de conducta se basa en el vacío que lo constituye. Carece de moral, de manera que, en el momento de actuar, no registra límites de ningún tipo (razón por la cual puede llevar adelante actos de crueldad y maltrato sin sentimientos de culpa ni remordimiento).

Carece absolutamente de empatía y compasión, además de gozar con el sufrimiento ajeno (narcisista perverso). Tiene también la capacidad de impostarse y mezclarse con los empáticos, mostrando una máscara de sí mismo para pasar desapercibido.

Son verdaderos depredadores de alta peligrosidad.

Diferencias con la personalidad psicopática

La psicopatía como estructura de personalidad incluye la personalidad narcisista (todos los rasgos que conforman el narcisismo forman parte de la personalidad psicopática). Por eso es habitual decir que ***no todo narcisista es psicópata, pero todo psicópata es narcisista***.

Lo cierto es que existe entre ambos una diferencia ***cuantitativa*** (a los rasgos que corresponden a la personalidad narcisista se agregan unos veinticinco más cuando se trata de una personalidad psicopática).

La diferencia más destacada radica en la mayor degradación moral y afectiva, que sí existe en la personalidad psicopática respecto de la personalidad narcisista. Sin embargo, si logras identificar por sus rasgos a un narcisista, esto debe ser una ***red flag*** (bandera roja) que indica que esa persona podría (potencialmente) llegar a ser también una personalidad psicopática. Y como solo podrías descubrirlo pasando más tiempo con esa persona, la sugerencia es que, por el contrario, ante la duda y la posibilidad, te detengas y salgas del vínculo.

Similitudes entre personalidad narcisista y personalidad psicopática

Tanto las personalidades narcisistas como las psicopáticas son estructuras rígidas que forman parte de la denominada ***tríada oscura***. Tienen un espectro emocional empobrecido, escasas defensas y su potencial de cambio es *cero*.

Cuentan con astucia para obtener lo que quieren (el suministro narcisista y la atención de los demás). Y hay una conducta que se repite en ambos y es que parasitan y destruyen a su víctima de maneras concretas:

1. Destruyendo tu autoestima, logrando que pierdas el sentido de tu valor y que tu identidad se desintegre hasta el punto de no saber quién eres, llegando a confundirte hasta que crees que has enloquecido y que no puedes vivir sin ellos. De algún modo consiguen generar un estado de indefensión aprendida y llevan a la víctima a creer que no tiene sentido que luche por ser libre porque no va a lograrlo.
2. Destruyen todos tus contactos sociales y consiguen aislarte de tus amigos, conocidos y, si pueden, de tu terapeuta y de todo aquello que constituya para ti una red de apoyo. Lo logran diciendo mentiras sobre esas personas para que las odies y decidas distanciarte por decisión propia (no dejan los dedos marcados), y para eso utilizan a sus soldados (los *monos voladores*), para que les obedezcan y apoyen y refuercen sus mentiras.
3. Destrozan tu salud mental, generando dependencia emocional y disonancia cognitiva (es un estado mental en el que no sabes qué pensar de esa persona y de esa relación), hasta que llegas a plantearte si la culpa es tuya, si el otro es malo o si tú has hecho algo que le haya molestado.
4. El mayor daño lo causa el abuso narcisista, ese tipo de maltrato que ejercen las personalidades narcisistas y psicopáticas que atacan emocional, mental, física, social y espiritualmente a una persona de manera premeditada y con la deliberada intención de

dañar y destruir. Si bien este abuso aparece encubierto a la mirada de los otros, debemos tener claro que atenta contra derechos humanos inalienables como la libertad y la dignidad (desde el momento en que te **cosifica**, al no registrarte como un sujeto con derechos, como una persona). Te percibe como a un objeto (utilizable, descartable, manipulable). Sin embargo, y a pesar de la gravedad del abuso narcisista, tal parece que la sociedad ignore o naturalice esta forma de violencia perversa, resistiéndose incluso a nombrarla como tal.

El abuso narcisista

Se define como el comportamiento emocionalmente abusivo por parte de alguien con un Trastorno Narcisista de Personalidad, el cual puede incluir también abuso físico o sexual.

Es un tipo de abuso difícil de identificar por la persona que está siendo abusada. Si bien es cierto que todo abuso puede resultar confuso para la víctima porque esta puede ser persuadida por su perpetrador de que ella misma fue la causante del abuso, que lo merecía e incluso que el abuso nunca sucedió, es el abuso narcisista de índole emocional el que más tiempo requiere para poder ser identificado.

Cuando alguien es abusado emocionalmente, puede transcurrir mucho tiempo antes de que pueda darse cuenta de que había algo que estaba muy mal en el modo en que era tratado, y más aún cuando el abusador ha sido encantador, manipulador y una persona adorable para el entorno social.

El abuso emocional narcisista es sutil, intangible, anodino, confuso, casi imperceptible, a goteo. Genera en las víctimas un desgaste devastador de su ser antes de que estas puedan identificar lo que están viviendo. Confusas y adormecidas por el abuso narcisista, comienzan a tener síntomas de ansiedad y depresión, muchas veces con conductas autodestructivas, lo que las lleva a la consulta profesional. Así es como comienzan a desarmar la madeja del abuso emocional narcisista en la consulta y a ser conscientes de que son víctimas de un tipo de abuso tan sutil que no han podido identificar como tal y que las ha hecho permanecer en esa relación, esperando que algo cambiara o pensando que eran culpables de lo que estaban viviendo.

El abuso emocional narcisista es sutil, lo voy a repetir hasta que no podáis olvidarlo, y puede comenzar de manera encantadora simulando ser una conducta de cuidado y protección, sin que puedan verse los hilos del control, el dominio y la manipulación.

«Acábate de comer esas pastas, siempre te dejas comida».
«Mándame un mensaje cuando llegues a tu casa, me preocupo, quiero saber si estás bien».
«Siempre pides lo mismo, ¿no puedes comer otra cosa?».

Un aparente cuidado amoroso, alguien que se preocupa por tu buena y variada alimentación y por tu integridad física. ¿Qué más se podría pedir? Mucho más. Se podría pedir que cuando tú le digas lo mismo, se lo tome tan bien como tú, aunque eso no va a suceder porque en el abuso emocional narcisista siempre hay una doble vara. Tú no tienes los mismos derechos que tu abusador. Nunca.

Entonces, si eres tú quien le dice al abusador narcisista:

«Acábate de comer esas pastas, siempre te dejas comida».
Te responderá:
«A mí no me digas cuánto tengo que comer».
O si le dices:

«*Mándame un mensaje cuando llegues a tu casa, me preocupo, quiero saber si estás bien*».

Te responderá:

«***Voy a estar bien***» y no te mandará ningún mensaje.

O si comentas:

«*Siempre pides lo mismo, ¿no puedes comer otra cosa?*».

Te responderá:

«***¿Cuál es tu problema? Yo pido lo que quiero***».

Y ni siquiera se te ocurra mostrarle que eso te lo dice a ti porque vas a desatar su ira y a descubrir cómo su protección y cuidado amoroso pueden transformarse en semanas sin verte ni responderte un solo mensaje, como castigo a tu atrevimiento de suponer que tenías sus mismos derechos. Esto no es entre pares, este vínculo es abusivo. El abuso emocional narcisista implica que el perpetrador es el único que tiene derecho a la opresión, a la libertad, a los interrogatorios, a las dudas, a los alejamientos, al silencio, a todo. Tú eres la víctima y ese es tu lugar y tu rol, padecer sus abusos emocionales sin queja.

Puedes quejarte, aunque te vas a quedar exhausta, tirada en un rincón del ring de la lucha desigual que vais a establecer. Vas a percibirte aturdida y confundida por los golpes emocionales que recibirás, y que te harán sentir culpable de aquello que el abusador hace y que jamás reconoce, pero proyecta sobre ti.

En las personas que son víctimas de un abuso emocional narcisista suelen observarse estos síntomas:

▶ Dificultades de apego
▶ Problemas con la toma de decisiones
▶ Debilidad en el establecimiento de límites a los otros

- Ansiedad
- Conductas complacientes hacia los demás
- Deterioro en su autoestima
- Comportamientos autodestructivos
- Perfeccionismo y autoexigencia
- Culpa

Las víctimas de abuso emocional narcisista tienen siempre un arduo camino de recuperación por delante. Deben pasar por varias etapas, desde el enojo con ellas mismas y con el otro hasta la aceptación, el perdón a sí mismas, el alivio y la liberación. Lleva mucho tiempo, a veces años, superar por completo este tipo de abuso emocional y aceptar las situaciones que viviste cuando estabas en una posición vulnerable bajo la opresión de un abusador narcisista.

El abuso emocional narcisista tiene un fuerte impacto en la vida de las víctimas por lo sutil y manipulador de sus formas, que lo vuelven difícil de identificar.

El abusador narcisista tiene rasgos que es importante saber identificar y que son las banderas rojas que deben alertarte:

- Tiene una mirada excesivamente elevada de sí mismo
- Carece de empatía
- Es prepotente
- Tiende a exagerar sus logros

En veinte años de profesión nunca he visto a un narcisista patológico reconocer y tomar consciencia sobre su trastorno, lo que hace que jamás busque ayuda profesional para tratarlo.

Una relación con un narcisista patológico es diferente a cualquier otra, no vas a encontrar los mismos niveles de empatía, vas a notar que sus parámetros son diferentes y que piensan de un modo particular. En una relación con un narcisista hay ciertas fases que se cumplen y que se vuelven un patrón que permite identificarlos.

Fase del bombardeo de amor

En esta primera fase es complicado detectar al narcisista, porque puede ser bastante parecida a una fase de enamoramiento en cualquier relación con un empático. Aunque tiene ciertas particularidades que funcionan como banderas rojas.

El narcisista se caracteriza en esta primera fase por agasajar a su pareja con halagos, regalos y detalles basados en los deseos y necesidades que vaya descubriendo. La atención puede llegar a ser exagerada y abrumadora. Todo resulta demasiado perfecto, creando una ilusión desmedida. El narcisista usa la información que va obteniendo para actuar de modo que lo veas como la persona perfecta para ti.

Sin embargo, aparecen ciertas banderas rojas que tienen que alertarte: Se muestra impaciente por iniciar la relación, por tener intimidad, por establecer un compromiso y por convivir. Busca ir demasiado rápido y presiona para avanzar, fundando ese accionar en su amor y culpándote por no amar de igual manera si percibe en ti cierta resistencia a ese avance a toda velocidad quemando etapas de la relación. Aunque esto no te parezca una señal de alerta sino de amor, es la primera bandera roja porque así es como va tomando el control de los tiempos de la relación y comienza a ejercer el dominio.

En esta fase, el narcisista se victimiza a partir de algún suceso de su vida (problemas con sus padres, violencia en la infancia, enfermedades, abusos en otras relaciones anteriores, situaciones vividas en el ámbito laboral o en cualquier otro). El objetivo es generar cierta pena y despertar al rescatador que hay en ti para que sientas la necesidad de brindarle ayuda y así obtener tu compromiso. El narcisista está empezando a tejer la telaraña para atrapar a quien ya ha designado como su víctima.

En esta fase, la euforia va a ser una de las pocas emociones que sienta el narcisista, porque está consiguiendo la atención de su víctima y esa sensación es lo más parecido a la felicidad que puede sentir. A la víctima le parece ver a una persona feliz y cree que es porque el amor lo tiene en ese estado de felicidad; sin embargo, nada más lejos. La verdadera causa de la felicidad del narcisista es porque su manipulación ha logrado su objetivo: obtener la admiración de la víctima designada.

Devaluación

Puedo decirte sin dudarlo que esta es la fase más extensa de todo el traumático proceso del abuso narcisista. El narcisista cada vez demandará mayor atención, hasta lograr alejar a su víctima de sus entornos sociales habituales, incluidos familiares y amigos. Todos serán sospechosos, desaprobados y descalificados, buscando el aislamiento de la víctima e interrumpir su comunicación con el exterior. Si alguien se atreviera a juzgar negativamente el estilo de relación que la víctima está manteniendo con el narcisista para alertarla sobre esto, será destruido y degradado por el narcisista hasta lograr el distanciamiento total.

Esta es una fase de gran tensión y frecuentes discusiones que pueden terminar en rupturas por parte del narcisista, quien dejará la relación, pero solo para volver cuando lo considere oportuno y tomar así de nuevo el control. El narcisista controla si están juntos o no, las personas con las que se puede vincular, el castigo que aplicará si no se hacen las cosas como pretende y si no se le dedica la atención que considera merecer. Si es necesario enemistar a la víctima con familiares y amigos, lo hará sin dudarlo.

El narcisista juega con los sentimientos de su víctima. Si su víctima está mal porque se han separado, mantendrá la distancia hasta que considere que ha sufrido lo suficiente como para entender cómo debe comportarse si quiere tenerlo a su lado. Sin embargo, si la víctima, agotada de estas conductas, quiere terminar la relación, el narcisista se va a victimizar para generarle compasión y que no acabe con el vínculo. Paso a paso, el abuso narcisista ya está en marcha, la víctima está controlada y paralizada a partir de sutiles manipulaciones que la confunden y que hacen que dude de sus propios criterios y percepciones sobre la relación.

El narcisista ha tomado el control de la relación y es el timonel que conducirá la embarcación al peor de los destinos.

Es en esta fase cuando la autoestima de la víctima comienza a disminuir de forma progresiva a raíz del aislamiento y el desgaste emocional que provoca mantenerse en esta relación tormentosa, tratando de buscar maneras de resolver los conflictos sin conseguirlo porque todos sus planteamientos son desestimados por el narcisista de modos sutiles pero demoledores.

El narcisista comienza a dejar ver los hilos de su máscara, pero es en la siguiente fase cuando su verdadero rostro aparece y la máscara cae definitivamente de manera brutal.

Fase de violencia

Si hasta este momento la víctima tenía alguna duda sobre si estaba en una relación con un narcisista patológico, en esta fase ya no le quedará ninguna. Y es que ahora el narcisista ya tiene control pleno sobre la víctima y la ha vaciado de recursos internos (autoestima disminuida) y externos (entorno social), por lo cual puede desatar toda su violencia psicológica sobre ella. La estrategia será clara:

- El narcisista va a crear una fuerte tensión en la relación (humillando, ofendiendo, ridiculizando, utilizando el sarcasmo o el silencio) para minimizarla.
- Todo logro que la víctima pueda obtener va a ser minimizado por el narcisista.
- Todo lo que haga recibirá una crítica devastadora.
- El narcisista no perderá oportunidad para ofender y descalificar a su víctima.

Descarte

El narcisista va a necesitar a más personas admirándolo y se va a sentir bien generando sentimientos de adoración a su alrededor, por lo que pronto llegarán las infidelidades. Es habitual que los narcisistas tengan varias relaciones en paralelo. Si la víctima las descubriera, será culpada por haberlo llevado a eso con su falta de atención o bien será acusada de «loca» que delira. En esas situaciones es posible que el narcisista abandone a su víctima, aunque volverá si le es conveniente haciéndole creer que la perdona y le da una nueva oportunidad. Así rearma el juego y el ciclo comienza de nuevo.

Banderas rojas

Ser víctima de un abuso emocional narcisista puede generar ansiedad, depresión, desórdenes afectivos y un descenso de autoestima que requiera de un trabajo terapéutico. Cuando no se busca ayuda profesional aumenta la vulnerabilidad de la víctima del abuso narcisista a recaer en relaciones de la misma naturaleza en el futuro.

- Una persona con Trastorno Narcisista de la Personalidad tiene un sentido desmesurado de su propia importancia y una profunda necesidad de admiración y atención por parte de los demás.
- Este trastorno afecta más a hombres que a mujeres y comienza en la adolescencia o principios de la edad adulta.
- Se aprovechan de los demás para conseguir lo que quieren (abusan).
- No son capaces de reconocer las necesidades y los sentimientos de los demás (carecen de empatía).
- Envidian a los demás y creen ser ellos los envidiados por otras personas.
- Se comportan de manera arrogante y engreída.
- Creen ser los mejores y tener lo mejor de todo.
- Se dedican a arruinar los momentos y fechas importantes para quienes los rodean.
- Tienen grandes dificultades para interactuar de forma funcional.
- Reaccionan con ira si reciben alguna crítica o rechazo.

- Tienen un mal manejo de su emociones y malas respuestas emocionales.
- Tienen sentimientos de inseguridad, vergüenza, humillación y miedo de que se descubra que es un fracaso.
- Sienten que merecen privilegios y tratos especiales solo por existir.
- Esperan que se reconozca su superioridad aun cuando no hayan logrado nada.
- Hacen aparecer sus logros y talentos como más importantes de lo que realmente son.
- Se creen mejores que los demás.
- Critican y menosprecian a las personas que no consideran importantes.
- Convencen, seducen, dominan, mienten, devalúan, traicionan, usan, abusan, manipulan y descartan.
- Sus causas pueden ser ambientales (entorno sobreprotector y con adoración excesiva sin señalamiento de comportamientos negativos o bien negligencia de los padres en la crianza), genéticas (características heredadas y rasgos de la personalidad), neurobiológicas (conexión entre la conducta, el cerebro y el pensamiento).
- Su conducta siempre es intencional (cuando dañan lo hacen con la intención de causar sufrimiento, tristeza, angustia, frustración, miedo en sus víctimas) porque las respuestas emocionales que provocan los hacen sentir poderosos y son un suministro narcisista.
- Nunca piden perdón.
- Se muestran como víctimas de sus víctimas.

Los narcisistas pueden sentir emociones y expresarlas (a diferencia de los psicópatas). Se los puede observar ansiosos, deprimidos, eufóricos o tristes, según las circunstancias y acontecimientos que ocurran a su alrededor.

Pueden causar daño a otros y lo hacen con intención porque suelen ser personas sádicas: causar daño a otro los hace sentir fuertes, poderosos y con control sobre los demás.

Si algo no toleran es el fracaso, sentirse rechazados y no ser reconocidos como los mejores en lo que hacen. Su frágil autoestima los hace vulnerables al fracaso, la frustración y el rechazo, y por esta misma razón van a buscar siempre abusar del otro, descalificarlo y desmerecerlo, para sentirse mejor con ellos mismos. Cuando empequeñecen al otro se agigantan a sí mismos.

Un narcisista es ante todo un farsante, un actor, un individuo camaleónico que mostrará la cara más conveniente a sus fines en cada situación. Si alguien descubriera esto y los dejara en evidencia ante otros, dedicarán sus días a destruir a quien se haya atrevido a cortar los hilos de su máscara y no van a descansar hasta haber ajustado cuentas.

Experiencias facilitadoras del desarrollo de una personalidad narcisista

Antes de comenzar a desarrollar este punto, quiero aclarar al lector que el hecho de haber vivido o crecido en escenarios como los que a continuación voy a describir no implica que esto sea determinante para la formación de un perfil narcisista. Son escenarios condicionantes, pero no determinantes, pese a que se observa que los perfiles narcisistas suelen haberse desarrollado en ambientes similares a los que voy a describir y han vivido experiencias del tipo que mencionaré. Sin embargo, cabe aclarar que existen casos en los que, si bien han experimentado vivencias del mismo tenor de gravedad, no han desarrollado este trastorno de personalidad.

También es importante dejar claro al lector que las causas que llevan al desarrollo de estos perfiles de personalidad y los han transformado en los seres destructivos que son es algo que no debería interesarles en absoluto a sus víctimas, quienes únicamente deberían centrarse en alejarse de ellos y salir del vínculo de abuso narcisista con los menores daños posibles en su salud mental.

Tratar de entender y comprender el origen de este trastorno de personalidad puede conducir a un escenario arriesgado, que es el despertar el espíritu de rescatadores de algunos, llevándolos a empatizar, pretender brindarles ayuda e imaginar la ilusa fantasía de cambiarlos, para terminar cayendo nuevamente en sus redes y reiniciando el ciclo infernal del abuso narcisista una y otra vez.

Por doloroso que haya sido lo vivido en su infancia por un individuo que ha desarrollado un trastorno de personalidad narcisista, eso no implica que sus víctimas deban sentir compasión por ellos y tampoco los exime de responsabilidad por sus conductas destructivas. Todavía recuerdo el e-mail que me envió la esposa de un abogado que se reunía en su propia casa con sus amigas (a escondidas de él) para que este no se enfadara. Era una mujer tímida y callada, que se había jubilado como maestra de primaria y disfrutaba de reunirse con sus excompañeras de colegio a jugar al buraco y recordar viejos tiempos. Había iniciado su trabajo personal a raíz de su reciente jubilación porque temía deprimirse y quería desplegar un proyecto de vida para esta nueva etapa de su ciclo vital. Un día, después de una sesión en la que habíamos trabajado sobre el temor que sentía por la desaprobación de su esposo a sus reuniones con amigas, me envió un e-mail para justificarlo porque se sentía culpable de haberlo expuesto en su sesión. Recuerdo una frase que me impactó profundamente: «Él tuvo una infancia difícil y una mamá complicada, no podemos culparlo, hay que entenderlo». Al poco tiempo suspendió los encuentros durante un tiempo indeterminado y de eso han pasado ya más de diez años. La pena es peligrosa cuando hablamos de vínculos con narcisistas.

Habiendo esclarecido estas cuestiones, voy a describir algunas experiencias que pueden propiciar el desarrollo de una personalidad narcisista:

1. Haber vivido experiencias infantiles de abuso (sexual, físico o psicológico), situaciones de violencia familiar o entre los padres, así como haber recibido maltrato, descalificaciones, desprecio o humillaciones en la infancia. Estas experiencias afectan al desarrollo adecuado de un niño, quien necesita crecer con un estilo parental que fomente el apego seguro: sentir a través de la relación con sus padres y de lo que estos le transmitan y demuestren que el mundo es un lugar seguro y que se puede confiar en sus

semejantes porque son buenos. Cuando esto no sucede y un niño crece sintiendo que su entorno familiar es hostil, amenazante y peligroso, no desarrolla la capacidad de crear un apego seguro que le permita establecer relaciones sanas y funcionales. Para lograr sobrevivir en un entorno hostil, amenazante, inseguro y peligroso para su integridad, se transforman en individuos manipuladores, abusivos, perversos, violentos y sin empatía, para así seguir adelante evitando sufrir el daño que les causen los demás (sus padres en primer lugar y luego todos sus semejantes). El mundo y los otros se han vuelto para ellos peligrosos, al sentir que sus propios padres (quienes deberían amarlo, protegerlo y ser buenos) lo dañan y son su principal fuente de sufrimiento. Ya no volverán a confiar en nadie y no sentirán empatía, para protegerse del daño que puedan causarle a su ya dañada autoestima.

2. Haber sido criados con un estilo parental excesivamente sobreprotector, con padres que les dan todo lo que piden hasta el punto de convertirlos en tiranos, porque sus deseos se vuelven para ellos órdenes y que además les hacen sentir que son perfectos y los más destacados en todo lo que hacen. Agigantando sus capacidades, talentos y logros, consiguen hacerlos sentir por encima de los demás y crecer convencidos de que son merecedores de privilegios mayores que los demás. Este estilo parental alimenta un ego hipertrofiado que no les permite ver más allá de sí mismos ni tener en cuenta las necesidades de los otros. Son niños que crecen convencidos de ser más capaces que los demás, por lo que tienden a desvalorizar al resto y no desarrollan valores como la compasión, el respeto, la solidaridad, ni actitudes como la empatía. Si a esto se agrega una educación sin establecimiento de límites claros y alimentando fantasías de éxito, fama y dinero, entonces las consecuencias sobre su personalidad pueden ser irreversibles.

¿Por qué los narcisistas se comportan de ese modo con los demás?

Es un perfil maltratador que en muchas ocasiones responde a experiencias traumáticas de la infancia. No son así por una cuestión hereditaria, por un «gen narcisista», sino porque de niños han vivido circunstancias muy difíciles que han creado ese trastorno de personalidad, lo cual no significa que se les deba justificar, permitir su maltrato, padecer las heridas que causan y permanecer a su lado esperando que sanen y cambien, porque son inmodificables. Lo digo una vez más: son estructuras de personalidad inmodificables (con o sin tratamiento). No sirve brindarles ayuda porque el trastorno es de por vida y forma parte de una estructura de personalidad. No harán cambios jamás porque son incapaces de verse a sí mismos desde fuera y empatizar con el dolor que causan. Ellos se perciben perfectos y consideran que nunca han hecho nada. Vas a escucharlos una y otra vez decir que ellos no tienen nada que ver, que no han hecho nada, y vas a desesperarte tratando de mostrarles cómo sucedieron los hechos, sin lograr jamás que reconozcan alguna responsabilidad en ellos. Nunca.

Recuerdo a la hija de una madre narcisista que en un encuentro expresó: *«Cuando era niña, miraba los anuncios de la tele donde había mamás y me preguntaba por qué las mostraban como si fueran buenas cuando no eran así»*. Y agregó: *«Con los años de terapia me di cuenta de que era mi madre la que no era buena, pues tuve una madre narcisista que me hacía la vida un infierno»*.

Es importante recordar que el trastorno narcisista lo encontramos en un porcentaje de la población, y dentro de ese porcentaje de individuos algunos son padres, madres, hermanos, hijos, abuelos, tíos y primos (quiero dejar claro que, habiendo lazos biológicos, el trastorno narcisista de la personalidad causa los mismos daños, deja las mismas secuelas en la salud mental de la víctima del abuso narcisista y que la única salida posible es la misma válida para todos los casos: alejarse de ellos). Por duro que pueda resultar, no puedes amar a quien te maltrata, sea padre, madre o hijo. Simplemente no.

Connie bajó la cabeza y con una voz apenas audible me dijo: «*Mi hijo me pega, pero yo no quiero denunciarlo, es mi hijo. Quiero ayudarlo. Lo he llevado a muchos psicólogos, pero nadie puede, deja de ir, dice que él no necesita psicólogos porque no tiene ningún problema y que su problema soy yo. Y quizá tiene razón. Usted dígame, por favor, si soy yo, porque no me doy cuenta y quiero cambiar*».

Cruzarte en la vida con un perfil narcisista es chocar con un frente de tormenta capaz de causar estragos devastadores en tu salud mental. Permanecer en un vínculo con un narcisista es dejarte arrastrar en tu dignidad hasta que la esencia de tu ser sea destruida, con intención. Quedarse es perderlo todo, tu autoestima, tu personalidad, tu sentido común, la claridad mental y tu dignidad. Cruzarte con ellos es inevitable y es parte del riesgo de vivir y vincularte con otros; sin embargo, puedes aprender a identificarlos, para poner entre ellos y tú una distancia infranqueable, porque **nunca jamás van a cambiar**.

Están rotos y no van a parar hasta romperte a ti.

Nunca voy a olvidar la cara de Dan cuando llegó a nuestra sesión después de haber terminado de leer un libro sobre personalidades narcisistas que le había prestado para que marcara con lápiz negro aquellos párrafos en los que reconociera conductas de alguno de sus padres. Su tez era blanca y sus ojos azules. Ese mediodía llegó pálido y visiblemente aturdido, mientras me decía con el libro entre las manos: *«Ana, tú me pediste que identificara en el libro conductas de mis padres, pero yo en cada página no dejo de encontrarla a ella. Aquí está todo lo que ella hace, ¿puede ser?»*. Ella era su esposa, con la que llevaba muchos años casado, y estaban transitando una de sus recurrentes y tormentosas crisis. Yo le respondí: *«Claro que puede ser, ¿acaso no te has dado cuenta del miedo que sientes en su presencia cuando en un encuentro de pareja te hago una pregunta y antes de responder la miras a ella aterrado y si das una respuesta que ella desaprueba, la modificas al instante y ella te expone, mostrándote como un mentiroso que da la vuelta a las cosas?»*.

Aquel *insight* fue la primera bocanada de oxígeno para un hombre que se estaba ahogando en el aterrador abismo de la disonancia cognitiva, dudando de su propia cordura y en un preocupante estado de ansiedad. Ese primer darse cuenta fue la puerta de salida hacia la liberación del abuso narcisista. El alejamiento no fue fácil, nunca lo es. Escapar del abuso narcisista tiene altos costes, como los divorcios destructivos, infernales y plagados de estafas emocionales y chantajes de todo tipo. Pero es posible alejarse de ellos y recuperar una vida libre. Y aunque ileso no sale nadie, es posible escapar con lesiones leves y pérdidas económicas moderadas. La salida del abuso narcisista y el alejamiento del abusador valen todo lo que cuestan, y así lo afirman todos los que han logrado salir. Ninguno está arrepentido de haber reunido el coraje para alejarse de ellos para siempre. Lo perdido les parece siempre poco en comparación con lo ganado. Y lo ganado no es fortaleza, sino dignidad, porque la relación con un narcisista no te hace más fuerte, sino que al ser una relación abusiva te debilita, te genera un trauma por abuso narcisista, afecta a tus sistemas de alarma, tu memoria, tu sentido de la realidad, desorganiza tu vida y tus vínculos sociales. Romantizar el abuso narcisista diciendo que te ha hecho más fuerte no es verdad. El abuso narcisista te ha provocado un trauma y necesitas sanar. Con solo dejarlos atrás y establecer contacto cero no es suficiente; después de esto comienza un duro proceso de reparación emocional.

Nada es tan difícil como escuchar a una víctima de abuso narcisista afirmar que está segura de que su narcisista la ama (a su manera, como sabe e incluso haciéndole daño, pero la ama). Puede despertar compasión y desesperación de forma alterna, y es preciso mostrarle que no hay una forma de amar que consista en causar daño intencionalmente. Ella había transitado un 2022 entre subidones de bombardeos de amor y bajones angustiantes, con descensos estrepitosos a infiernos desesperados de locura ininteligible y, aun así, de tanto en tanto y hasta el último día, en que logró finalmente el contacto cero con alejamiento total, me dijo con lágrimas en los ojos: «*Yo sé que hice lo correcto y también sé que tú me dices que no, pero estoy segura de que él, a su manera y haciéndome daño, me ama. Lo siento, lo veo en sus ojos*».

Y ante mi mirada, empática y amorosamente compasiva, me extendió la mano con una nota que le había dejado él de su puño y letra, ese mismo hombre que la había puesto en peligro de perderlo todo en reiteradas oportunidades, había amenazado con golpear a sus hijos y la había sometido a unas tormentas emocionales demoledoras. El texto decía lo siguiente:

Te amo.
No puedo, ni quiero, ni sé vivir sin vos.
No me dejes nunca.
No me olvides nunca.

No me sueltes nunca.
Voy a estar cerquita para robarte un beso y en cuanto pueda te haré el amor como siempre, como nunca.
Sos mía.
Soy tuyo.
Te amo.

Narcisista es precisamente la persona que ni sabe ni puede y, probablemente, no quiere amar.

«No te ama, solo has sido engañada, bombardeada de amor, y has caído rendida a sus pies», le dije mirándola a los ojos, y me devolvió una respuesta desesperada de negación: *«No lo creo»*. Ella cree que él la ama y cree estar enamorada, y posiblemente lo esté, pero esa persona de la que se siente enamorada es solo una falsa apariencia, una fachada, un ser camaleónico capaz de leer las necesidades de su víctima, sus vulnerabilidades, sus heridas, y posicionarse justo ahí donde se vuelve aquel que representaría la solución a todas esas faltas, mostrando una personalidad falsa. La víctima del narcisista siente que ha encontrado al amor de su vida, sin saber que el narcisista ha preparado esa personalidad a la medida de las necesidades de su víctima y por eso genera adicción.

Aun sabiendo que está con un narcisista, la víctima sigue enganchada a esa máscara que percibe como si fuera la persona real, cuando no lo es. Por eso en las víctimas de abuso narcisista es habitual la disonancia cognitiva (no saben si están con un narcisista o si son ellas las culpables de todo lo que viven).

Muchas veces las víctimas creen que al haber logrado el contacto cero se encuentran ya fuera de peligro y que toda la locura ha acabado, pero no es así. Existe algo que denomino el *«eterno retorno del narcisista»*, porque estos no se dejan dejar, salvo que sean ellos los que hayan ejercido el descarte. Los narcisistas no admiten ser dejados y si la víctima, a consecuencia de su trabajo terapéutico, identifica que se encuentra en una relación con un narcisista y decide cortar, este intentará regresar a su vida una y otra vez. Queda claro que no es por amor porque no aman a nadie, ni siquiera a sí mismos, sino porque quieren verificar que la víctima ha quedado totalmente destruida; si así no fuera, y aún quedara en la víctima algo por depredar, la van a seguir parasitando. Incluso cuando a la víctima le cause una herida saberlo, los narcisistas acostumbran tener varias víctimas en simultáneo porque son amorales. Sin embargo, la víctima que sigue siendo buscada desconoce la existencia de esa triangulación y cree que tiene la exclusividad de su depredador; cuando por algún motivo descubre esta circunstancia, esto le genera mayor adicción y deseo hacia el narcisista.

Como se puede ver, la recuperación de la experiencia de un abuso narcisista es muy difícil, ya que se trata de una verdadera adicción donde el narcisista es la sustancia (persona). No es habitual que la víctima consiga desengancharse y salir de un vínculo de abuso narcisista por sí sola, aun cuando esté siendo destruida por el narcisista. Suele requerirse terapia individual, de grupo, y en ocasiones se obtienen muy buenos resultados implementando programas de recuperación como los que se utilizan en el tratamiento para recuperación de adicciones, dado que esto es una verdadera adicción.

A veces la víctima cree estar empoderándose y saliendo del vínculo de abuso narcisista porque en lugar de quedar paralizada puede confrontar verbalmente con argumentos sólidos y respuestas firmes (que por supuesto el narcisista logra poner del revés y volver en su contra, haciéndole dudar de sí misma, además de obtener un suministro narcisista que alimenta su poder). A un perverso narcisista no se le gana nunca, y esto es algo que toda víctima debe tener claro. Es imposible ganarles, la única forma de vencerlos es la indiferencia. La cuestión es *cómo lograr ese «contacto cero» que lleve a lograr la indiferencia de la víctima hacia el narcisista.*

Reitero que a un perverso narcisista no se le gana nunca. Y nunca es nunca. Un empático tiene una estructura diferente a la de un perverso narcisista y por eso es imposible ganarles. El **contacto cero** es la clave y la llave de la puerta de salida hacia la indiferencia y la liberación del abuso narcisista.

Si bien es cierto que a un narcisista es imposible ganarle, también es cierto que hay una forma de no perder con ellos: *no jugar.*

¿Qué significa no jugar?

No jugar es no mantener con ellos ningún tipo de contacto, es decir, aplicar el contacto cero. Para no dejar dudas, mejor darle un valor numérico: el contacto debe ser cero, y 0 no es 0,5. Contacto cero es cero.

Ante esta estrategia de salida, aparece una pregunta por parte de una víctima con un exmarido narcisista con quien tiene hijos:

¿Cómo establecer contacto cero cuando hay hijos en común con el narcisista?

Es una pregunta más que válida, por supuesto, ya que esta es una de las más complejas situaciones en el espectro de la experiencia de abuso narcisista.

Cuando hay hijos pequeños en común con un narcisista y todavía se hace necesario algún tipo de contacto, hay que arbitrar todos los medios para que este sea mínimo y fundamentalmente que el contacto visual y auditivo sea cero. Y esto es así porque los narcisistas suelen ser hipnóticos o, por el contrario, devastadores, y podrían producirse recaídas en el vínculo cuando logran quebrar la resistencia psicológica de una personalidad ya erosionada que transita un cuadro postraumático.

Recuerdo la tarde en que Ro llegó a mi consultorio en su horario habitual de la tarde y en medio de la sesión sonó su móvil y me dijo que necesitaba responder porque era el papá de su hijita de ocho años y ella estaba con él (ella temía que estuviera sucediendo algo y que la llamara por eso). Le sugerí que no atendiera la llamada y que le enviara un wasap diciéndole que le dejara un mensaje si necesitaba algo. El móvil no dejaba de sonar con una insistencia enloquecedora. Ella entró en un estado de angustia, ansiedad y desesperación, en el que solo atinó a decirme «Perdón, necesito atender». Le hice un gesto con una mano para que atendiera la llamada.

—Hola, ¿qué pasa?
—¡No me avisaste de que había que llevarla a Inglés, hija de puta!
—Sí te avisé, mira tu teléfono, te dejé un mensaje hace dos horas y además te llamé y no atendiste.
—¡No sé, no miré! ¡Eres una hija de puta!
—No me hables así, por favor...
—¡Es lo que te mereces!

«Me ha cortado», dijo mirándome con lágrimas en los ojos. «Lo he escuchado todo», respondí y le acerqué unos pañuelos de papel para que se secara las lágrimas después de otra brutal paliza emocional.

«Te dije que no, que no atiendas llamadas, que deje lo que tenga que decir sobre tu hija por escrito o en un audio, que quede plasmado, escrito, grabado, pero no le atiendas las llamadas. No más...».

El tiempo y el contacto cero como aliados de la víctima

Pretender salir de una relación de abuso narcisista, sacudirse las plumas y seguir adelante para poder volver a establecer una nueva relación es una fantasía y una utopía. No se sale ileso del vínculo con un perverso narcisista. Se necesita contacto cero y tiempo. Tiene que transcurrir tiempo de contacto cero.

Después de una relación de abuso narcisista es habitual que la víctima tenga dificultades para establecer una relación con una nueva pareja porque ninguna otra persona les resulta parecida en su intensidad emocional y, por tanto, no les genera esa intensidad pasional que les causaba la relación con el perverso narcisista.

Recuerdo a Luis, un joven abogado que tras terminar con una relación de abuso narcisista en la que había tenido tantos momentos de contacto cero como recaídas, intentaba vincularse con nuevas personas. Pero los pensamientos intrusivos sobre su ex narcisista lo invadían y la volvían en su recuerdo alguien incomparable e inigualable, a pesar de todo el infierno que había vivido durante los cuatro años de su relación.

En uno de nuestros encuentros me dijo: «Estoy intentando vincularme con otras mujeres, pero sigo pensando en ella, es que no hay ninguna parecida, con ninguna siento la atracción sexual que sentía por ella, ninguna otra me genera lo mismo y, aunque trato de recordar todo lo que sufrí, siento que nunca más voy a volver a sentir algo igual por nadie».

Después de salir del vínculo traumático, la víctima de abuso narcisista vive el problema de no lograr establecer una relación de pareja durante un largo tiempo porque al comparar a una persona ***empática*** que no la va a manipular ni a bombardear sexualmente como un perverso narcisista que la tiene encantada y ha hackeado su cerebro, seduciendo y erotizando mediante ardides, artimañas y manipulaciones, sentirá que el vínculo con un empático le sabe a nada. Nada será similar a la intensidad pasional que solía sentir con el narcisista. Aparece entonces el riesgo del ***eterno retorno***, y en cada regreso todo comienza desde cero y el duelo se inicia una vez más.

Haber mantenido una relación sentimental con un narcisista es una experiencia emocional devastadora para cualquier ser humano, por eso es común que al conseguir salir aparezcan en la víctima deseos de venganza. Sin embargo, la mejor venganza no es desenmascararlos, sino ***ignorar su existencia y continuar como si esa persona nunca hubiera existido***. Esto es lo peor que se les puede hacer, ignorarlos y seguir adelante. Cuando se ven ignorados y sometidos al ***contacto cero infranqueable*** se desestabilizan, y por eso vuelven a buscar a la víctima de manera perversa, con el único objetivo de volver a hacerla caer en sus redes para hacerla sufrir nuevamente y demostrar que aún tienen poder sobre ella. Seducir para volver a abandonar es para un narcisista como decirle a su víctima «Puedo hacerte daño una y otra vez, tantas veces como quiera, y tú vas a estar ahí para mí». Pueden pasar ocho meses o dos años, pero volverán a por su presa una y otra vez en un perverso eterno retorno. Y no es porque la víctima sea inolvidable para ellos ni porque la amen, solo se trata de confirmar su poder de dominio.

El desafío es no recaer, porque volver van a volver.

¿Qué tipo de personas quedan atrapadas en vínculos con perfiles narcisistas?

Los perfiles elegidos por los narcisistas suelen tener ciertos rasgos en común y se caracterizan por ser buenas personas, con disposición a ser serviciales y brindar ayuda. Suelen ser empáticas y compasivas, inteligentes y afectivas.

Los narcisistas acostumbran elegir víctimas reflexivas, personas que si algo malo sucede en un vínculo buscan comprender qué ha pasado y entender el punto de vista del otro. Receptivas a la crítica y dispuestas a aceptar su responsabilidad, e incluso su culpa, aun cuando no hayan hecho nada. Son personas con gran capacidad de entrega, responsables y esforzadas en dar al otro siempre lo mejor para que esté feliz (aunque pueda darse cuenta de que nada de lo que da será suficiente jamás). Son adaptables, tolerantes, flexibles y de buen corazón. Tienen valores y suponen que las demás personas también los tienen; son nobles y confían en la bondad de las personas. Son personas valiosas y los narcisistas están en un terreno fértil para manipular, culpabilizar, herir, estafar emocionalmente y destruir la valiosa esencia de quienes pasarán a ser sus víctimas.

¿Con qué personas no se siente cómodo el narcisista?

Puedo brindarte detalles sobre esto porque pertenezco al perfil de personas con las que un narcisista no se siente cómodo en absoluto.

No serán elegidas como víctimas por un narcisista las personas que les establezcan límites, que no permitan ser manipuladas, a quienes no pueda convencer con sus habilidades comunicacionales, y mucho menos las personas que los cuestionen. Con estas los narcisistas se sienten inseguros y se alejan rápidamente. Como las perciben como amenazantes, lo que harán será hablar mal de ellas y no querer tenerlas cerca. El objetivo es difamar a estas personas para devaluarlas y alejarlas del entorno de aquel a quien han elegido como víctima para que no puedan mostrarle quién es el narcisista en realidad. Saben que estas personas pueden desenmascararlos y deben mantenerlas lejos.

Separarse de un narcisista

La ruptura con personas que padecen un trastorno de personalidad narcisista es un arduo camino hacia la liberación, que ellos se encargarán de hacer aún peor, sin tener ninguna compasión hacia ti (y si tenéis hijos en común, tampoco tendrá empatía ni compasión hacia ellos). No esperes que sean honestos, ni justos, y menos que muestren una actitud bondadosa. Muy al contrario, si acaso tuviste fuerzas para dejarlos, esto no será gratuito: se encargarán de destruirte, te despojarán de todo (bienes materiales, buen nombre y honor), buscarán desestabilizarte y se ocuparán personalmente de mostrar al mundo que son las víctimas de su víctima. Es decir, que la víctima será la culpable de todo. Por lo cual, si te preocupa la opinión y la mirada del otro, ya sabes que no vas a pasarlo bien porque vas a ser mirado como el verdugo de tu verdugo. Prepárate para que no te crean, te miren mal, duden de ti y puedan verlo a él como a una pobre víctima de tus ultrajes.

Olvídate de intentar desenmascararlo, demostrar la verdad, pensar en lo justo o injusto.

No hay nada que hacer: los hilos de la manipulación los manejan ellos y el entorno solo conoce la cara que muestra, no la que ocultan. No van a creerte, acéptalo y sigue adelante. No te detengas ahí porque no solo no vas a conseguir nada, sino que vas a sufrir. Tu único objetivo pasa por otro lado, y no es ni que te crean ni cortarle los hilos de la máscara para que el mundo vea su verdadera cara. Tu objetivo es mantenerte psicológicamente estable y evaluar la gravedad y peligrosidad de los hechos que estés viviendo para buscar ayuda profesional (psicológica y legal) y poder denunciar si fuera preciso.

Con ellos nada es justo, nada es de buena fe.

Todo es maligno, perverso, destructivo.

Esas son las reglas que impone el narcisista y la salida del vínculo hay que hacerla bajo sus reglas. Lo único importante es salir.

¿Y cuando hay hijos?

Si en el escenario de la separación del narcisista hay hijos en común, vas a conocer el infierno en la tierra porque no es posible establecer un ***contacto cero absoluto*** que le impida todo acceso a tu ser y así evitar que siga destruyendo tu autoestima y manipulándote.

Penosamente, solo la mayoría de edad de los hijos comunes te liberará para siempre del contacto con el narcisista.

Después de la separación, si fuiste tú quien decidió dejarlo, los niveles de odio son el motor que los impulsa cada día a despertar para destruirte. Has leído bien: destruirte es el objetivo. No les importa que seas la madre o el padre de sus hijos, ni el daño que les provoca a ellos hiriéndote. No solo no les importa dañarte y que eso te afecte en el cuidado de tus hijos, sino que además los beneficia, porque llegada una instancia judicial van a tratar de demostrar que eres una persona que no está capacitada para cuidar de ellos. Buscará mostrarse como una madre o un padre preocupado porque sus hijos están al cuidado de una persona inestable y perjudicial para el sano desarrollo de estos.

Va a tratar de enloquecerte, desestabilizarte, denigrarte, agraviarte, contrariar tu estilo de crianza y tus reglas, descalificarte ante ellos, cambiar tus pautas alimentarias saludables por otras perjudiciales para irritarte y, por supuesto, te culpará de la separación diciéndoles o bien que lo echaste del hogar o que te fuiste y los abandonaste (si puede agregar con sus dotes interpretativas que además ya tenías a otra persona y le fuiste infiel, mucho mejor para su propia victimización).

Recuerdo a un adolescente de dieciséis años decirle a su padre: «Mamá ha dicho que cuando se vendió la casa y nos mudamos al apartamento fue porque tú ya tenías a otra mujer y tenías decidido separarte».

Era verdad que la casa se había vendido para saldar una espeluznante deuda que se había contraído para pagar una medicación muy costosa que no tenía cobertura pública para un tratamiento que ella tuvo que realizar y que la diferencia de dinero a favor que había quedado se había empleado para cancelar lo adeudado.

El padre nunca le contó a su hijo la verdad y probablemente jamás lo hará. El único objetivo de la madre era destruir a quien se había atrevido a dejarla para salvar su propia vida del infierno del matrimonio con una perversa narcisista.

El profundo dolor psíquico que experimentan las víctimas las lleva muchas veces a pedir ayuda psiquiátrica porque llegan a pensar en desaparecer para terminar con el calvario que el narcisista les hace vivir. Aquel padre cuyo hijo adolescente lo acusaba a partir del relato mentiroso de su madre narcisista me confesó en cierta oportunidad: «Cuando ella me inició una causa penal acusándome de no alimentar ni bañar a mi hijo, muchas veces camino al trabajo pasaba los semáforos en verde como una forma de tentar al destino para ver si me mataba en un accidente».

Cuando se sale de una relación de abuso narcisista los daños son innumerables, pero reparables con tiempo y ayuda profesional.

Siempre les digo a las víctimas que no teman perderlo todo (eso es algo que va a suceder) porque el narcisista se ocupará de quitárselo, pero si logran dejarlo y salir definitivamente lo que jamás van a poder quitarles es la libertad.

Liberarte de un perfil narcisista vale todo lo que cuesta, desde la pérdida de bienes materiales hasta la aniquilación de tu autoestima. Todo eso vas a poder recuperarlo en cierta medida. El único objetivo es liberarte de ellos y salvar tu vida.

La familia narcisista

A ti, como a todos, te contaron que la familia es un lugar de amor, seguridad y protección, donde nadie te causará ningún daño intencionadamente, y por tanto es tu grupo primario de afectos donde puedes refugiarte, confiar y mostrarte vulnerable. Tu familia es tu lugar seguro de amor incondicional, te dijeron.

Si creciste en una familia narcisista, seguramente ya habrás descubierto que esto no siempre es así, y si aún no te habías dado cuenta, vas a comprenderlo con la lectura de estas páginas y con algunos años de ayuda terapéutica.

Una familia narcisista es un cáncer emocional que invade todo el tejido vincular hasta generar una metástasis afectiva en todos los miembros del sistema familiar y acabar con él.

Crecer en una familia narcisista puede ser devastador y dejar secuelas que tendrán como consecuencia hacer una elección de pareja con la misma característica de personalidad narcisista.

Las personas con personalidades narcisistas viven centradas en sí mismas y en sus propias necesidades con absoluto desinterés por los demás.

No medirán el impacto de sus actos ni de sus palabras sobre otros puesto que esto no es algo que les preocupe. Suelen fracasar en sus relaciones de pareja porque «tolerar ese ego» suele ser insostenible para muchas personas.

En una familia narcisista hay abusos, negación, secretos familiares, ausencia de empatía, ausencia de respeto a los límites y principalmente un clima de conflicto constante.

Las necesidades de los padres ocupan el lugar central en una familia disfuncional como la narcisista y siempre se espera que sean los niños quienes brinden satisfacción a esas necesidades (para eso se los tuvo). Los niños deben aportar alegría, satisfacciones con sus logros, no traer problemas a sus padres, y ser una amorosa compañía para ellos. Una madre narcisista dice cuando anhela tener un hijo: «Así nunca más voy a estar sola».

Las reglas que rigen la vida de una familia narcisista, las interacciones entre sus miembros y sus comportamientos son implícitas (no dichas) y se implementan de manera silenciosa, por lo cual acaban por naturalizarse.

▶ **Aceptación condicional** (amor a los hijos con condiciones)

Para que los hijos sean aceptados y reciban aprobación en una familia narcisista deben respetar los valores familiares y su narrativa. Esto significa que deben ser «uno con la familia», no pueden diferenciarse ni distinguirse. El hijo que se comporte de manera diferente, que rompa con los valores familiares o sea «distinto» en alguna forma recibirá rechazo y será patologizado. Los dichos acerca de él serán: «Siempre tuvo problemas psicológicos», «Siempre ha sido un chico/a problema», «Es la causa de todos los problemas en esta familia». Así lo volverán el chivo expiatorio y será el depositario de toda la disfuncionalidad familiar, pudiendo llegarse incluso a su exilio familiar (alejarlo de la familia porque resulta amenazante para el sistema).

▶ **Sumisión plena** (sin quejas ni cuestionamientos)

En toda familia narcisista hay un individuo adulto que es el narcisista dominante y «la tropa» (los demás integrantes del sistema familiar) debe someterse a él, sin cuestionar su capacidad, sus juicios, su arbitrariedad, su violencia, ni su crueldad. Se hace lo que el/la narcisista dominante diga y eso rige con fuerza de ley.

▶ **Culpable designado** (de alguien ha sido la culpa de lo malo sucedido)

En una familia narcisista nada ocurre simplemente porque es algo que puede suceder como parte del vivir. De ningún modo: de todo lo malo que pueda suceder debe haber un culpable. El «culpable designado» cargará sobre sí la responsabilidad de lo sucedido y del malestar familiar. Puede tratarse de algo tan simple como un resfriado, una alergia estacional o una gripe (quien enfermó es culpable, porque salió a la calle con el pelo mojado, porque no se abrigó lo suficiente, porque no se cuidó lo necesario, porque no tomó las precauciones para evitar enfermar o porque sus excesos de trabajo, estudio, sentimentales o preocupaciones han vuelto deficitario su sistema inmunológico). También puede tratarse de una pérdida de trabajo, un objeto de la casa que desaparece, un plato que se rompe o un accidente con el vehículo familiar (aun cuando el seguro lo cubra precisamente por considerar que no ha existido culpa ni responsabilidad por su parte en el accidente). A pesar de esto, en la familia narcisista el «culpable designado» será responsable del accidente, sencillamente porque debe haber un culpable de lo sucedido. El chivo expiatorio cargará y soportará estoicamente la carga de todos los problemas familiares, las frustraciones y la infelicidad que el narcisista dominante proyectará sobre todo el sistema.

- ▶ ***Prohibido ser vulnerable*** (la vulnerabilidad no debe ser expuesta)

La vulnerabilidad es algo vergonzoso que no debe mostrarse. En una familia narcisista, la debilidad y el error son algo que debe ser ocultado. Recuerdo a una narcisista dominante (madre dentro del sistema familiar) que, tras el fallecimiento de su marido, negaba esa muerte a sus vecinos cuando le preguntaban por él. Aceptar su viudez la hacía sentir vulnerable y eso no debía ser mostrado. Su «hijo dorado» (el *golden child* de la narcisista dominante) acompañaba como un soldado a su madre narcisista en esta narrativa para con los vecinos: «Papá está ingresado aún», afirmaba, pese a que llevaba semanas fallecido y sus restos descansaban ya en la bóveda familiar.

- ▶ ***Amor y respeto limitados***

Una sociedad de amor y respeto limitados, eso es una familia narcisista. En estas familias, el amor y el respeto solo se destinan al hijo elegido, al hijo preferido, al *golden child,* al «hijo dorado». Se respeta a este y se le falta el respeto, desconsidera, maltrata y abusa de todos los demás. En las familias narcisistas no hay amor y respeto para todos sus miembros (sus recursos de amor y respeto son limitados y no renovables).

- ▶ ***No se admiten sentimientos*** (la humanidad no se admite en estas familias)

La expresión de sentimientos humanos en estas familias en un indicador de inadecuación, debilidad y egoísmo. Los sentimientos deben ser reprimidos; las expresiones de afecto, amor, tristeza o alegría requieren de un permiso que solo tiene el/la narcisista dominante. Los demás, a callar. Esta viuda (narcisista dominante) era la única que contaba con el derecho de expresar sus sentimientos de vacío, dolor, angustia y tristeza. Solo ella podía expresarlos. Ella era «la viuda». Ella había perdido a su esposo. No importaba si sus hijos habían perdido a su padre; ese dolor debía ser reprimido para centrarse y darle protagonismo al de «la viuda narcisista».

▶ ***Favoritismos y competencia*** (jamás cooperación ni equipo, solo división)

En una familia narcisista, al narcisista dominante no le resultan convenientes la unión, la cooperación ni el espíritu de equipo. Esto afecta a su reinado, por lo cual siempre creará favoritismos y ambientes competitivos que generen rivalidad, hostilidad, socaven la confianza mutua y faciliten las traiciones. Los narcisistas dominantes dividen para reinar.

▶ ***Violencia y apariencia*** (pase lo que pase tras los muros, sonríe, nos están mirando)

Todos los miembros de una familia narcisista deben soportar en silencio los embates de violencia y de ira del narcisista dominante. Esa ira violenta, explosiva, destructiva se agrava cuando existen otras patologías mentales asociadas y/o adicciones a sustancias como el alcoholismo u otras. Estos agravantes vuelven la vida dentro de una familia narcisista un verdadero caos infernal que acaba por naturalizarse a fuerza de repetición.

▶ ***Negación*** (el sistema de control del narcisista dominante)

No hay pruebas ni evidencias válidas, pero en las familias narcisistas todo se niega para sostener el control del narcisista dominante sobre todo el sistema familiar. Los chivos expiatorios tratarán de denunciar, nombrar, mostrar y el ejército de sumisos del narcisista dominante lo negará todo. Serán negados los abusos (sexuales o psicológicos), se negará el maltrato permanente hacia el chivo expiatorio, se negará el clima constante de miedo y amenaza. Todo será negado en un acto de obediencia debida al narcisista dominante.

- ▶ ***Ausencia de seguridad*** (la familia narcisista no es un nido acogedor sino un búnker secuestrador)

En una familia narcisista nadie está a salvo de la ira, la violencia y el abuso emocional, por eso todos viven en estado de alerta e hipervigilancia. Sin embargo, siempre es el chivo expiatorio el que se lleva la peor parte de todo.

La familia narcisista duele.
Duele y lastima.
Duele porque daña.
La familia narcisista daña.

Un solo miembro con un trastorno de personalidad narcisista destruye todo el sistema familiar. Si te quedas aferrado al dolor te autodestruyes, porque el narcisista no va a modificar su personalidad, son estructuras inmodificables. No consideran tener ningún problema, para ellos el problema eres tú.

Tienes que salir de ahí porque necesitas sanar para no enfermar.

Tienes que sanar esos vínculos que te causaron tanto dolor porque no encontrabas amor.

Necesitas sanar el desamor de tu familia narcisista.

Sanarlo no es recuperarlo, no puedes recuperar lo que nunca perdiste porque jamás te lo brindaron. Sanar es aceptar que no tenían amor para dar, ni a ti ni a nadie, ni siquiera a ellos mismos.

La madre narcisista

Cuando se trata de un sistema familiar matriarcal y la madre es la narcisista, es muy probable que el ***golden child*** o «***niño dorado***» sea uno de los hijos varones (lo cual en muchas ocasiones provoca un complejo de Edipo). El trastorno de la madre puede estar o no latente en las primeras etapas del niño, cuando este no se rebela a la madre o en su etapa edípica, lo que a ella le sirve de manera directa como suplemento narcisista. Cuando el niño es dócil, esta etapa no representa un riesgo para la progenitora. Cuando la madre es consciente de que uno de sus hijos está superando la etapa edípica, detectará quién de ellos será el que se rebele contra el abuso psicológico y quién será el que no acepte el abuso, por lo que la madre narcisista comenzará una guerra en su contra.

Conforme los hijos comiencen su etapa adolescente (una etapa normal de rebeldía y de búsqueda de identidad propia por parte de los hijos), la madre narcisista tratará a toda costa de seguir moldeando la personalidad de todos ellos, lo que ocasionará en casi todos los casos un choque frontal con el trastorno de esta. Será una etapa crítica entre la madre narcisista y sus hijos. Es probable que uno de los hijos sea quien delate al sistema al rebelarse contra el abuso matriarcal desproporcionado. En ese instante, se estará gestando la figura del delator. Esa misma etapa servirá para tatuar de por vida al hijo delator como el receptáculo de todo el lodo narcisista tóxico, y la madre narcisista alienará a los demás miembros en contra de ese traidor del sistema: el ***chivo expiatorio***.

Como su nombre indica, el chivo expiatorio será señalado por la madre como el hijo más complicado, el que no encaja, el que servirá de depósito tóxico de toda la familia durante los años por venir. El apelativo «chivo expiatorio» se emplea para calificar a aquellos sobre quienes se vierte injustamente una acusación o condena para impedir que los auténticos responsables sean juzgados o para satisfacer la necesidad de condena ante la falta de culpables.

El propósito principal de la madre narcisista será impedir que los miembros del sistema detecten la perversidad del abuso y de las tácticas de la madre.

El chivo expiatorio será el enemigo número uno del sistema, de los hermanos, de la madre y del padre. Se convertirá de facto en el hermano al que todos apuntan como el generador de todos los conflictos familiares, incluso si este se encuentra a miles de kilómetros de distancia o sin que él tenga ninguna relación con el sistema familiar.

La madre entenderá que, desde muy temprana edad, el chivo expiatorio no será proveedor de suplemento narcisista, por el contrario, se convertirá de manera inmediata en un riesgo enorme para su trastorno, lo que provocará que los demás miembros comiencen a ser alienados para crear una especie de acoso sistemático familiar contra él.

Debido a la personalidad del chivo expiatorio y a que se rebeló ante el trato injusto sobre todos los miembros de la familia por parte de la madre, este encontrará la fuerza suficiente para salir del sistema y escapar de las fuerzas gravitacionales que se ejercen dentro de él. Será el primero en dejar el rebaño. Ante la perplejidad de los demás hermanos y miembros de la familia, se comenzará una campaña de desprestigio en contra del desertor. El chivo expiatorio pagará un alto coste por desafiar y traicionar al sistema familiar, muchas veces incluso después de la muerte de la madre narcisista.

Los niños que crecen como chivos expiatorios en una familia pueden desarrollar problemas tales como:

- Falta de confianza en sí mismos y en los demás
- Resentimientos profundos
- Baja autoestima
- Se culpan a sí mismos por cómo los tratan y buscan razones lógicas que justifiquen el maltrato
- Victimización
- Tienden a sentirse inútiles
- Tienden a sentirse feos, estúpidos y/o incompetentes
- Pueden tener dificultades académicas
- Evitan situaciones u oportunidades competitivas
- Suelen mantener un perfil bajo
- Se pelean con los demás con ira explosiva
- Son pesimistas
- Creen estar en deuda con los demás. Ellos mismos tratan de generar esa deuda, consciente o inconscientemente
- Toman roles de redentores ante los demás
- Cargan con los problemas de los demás sin razón o motivo
- Algunos pueden tratar de demostrar su valía convirtiéndose en «logradores de metas»

Lo que ocurre en algunas relaciones interpersonales **madre narcisista-chivo expiatorio** es que se genera una relación de amor-odio, donde la madre proporcionará en determinadas ocasiones un bombardeo de amor maternal y brindará al hijo o hija una falsa validación. Por ello es posible que algunos chivos expiatorios y su madre narcisista generen un vínculo sumamente profundo y fuerte, pues el niño interior del chivo expiatorio sentirá durante esos periodos de bombardeo de amor el cariño incondicional que tanto anheló desde su niñez, pero que nunca obtuvo. Esto provocará que, durante esos periodos, el chivo expiatorio quede vulnerable ante las estrategias de la madre narcisista. Estos periodos de amor serán solo una estrategia maquiavélica para manipular a la oveja negra que escapó del núcleo familiar.

En una familia disfuncional con patología en uno de los padres, el chivo expiatorio no es el más débil, sino el más inteligente, independiente y con una sensibilidad de justicia mucho más desarrollada que los demás miembros.

La madre narcisista cree que su chivo expiatorio lo hace todo mal, es rebelde y desagradecido, y no aprecia el amor que está recibiendo en su hogar. Este hijo va a ser el culpable de todos los problemas de la familia. La madre narcisista se va a encargar de criticar, humillar, etiquetar, desaprobar y culpar al chivo expiatorio, incluso cuando este hijo o hija no haya hecho nada en contra de su progenitora o del sistema, sino simplemente existir, tratar de reorientar su vida y luchar para tener éxito fuera de la familia.

La madre narcisista se encargará de «triangular» con los demás hijos para crear separación, envidias, rencores y celos entre ellos. También va a alentar al *golden child* y a los **«*monos voladores*»** para que critiquen, manipulen y maltraten al chivo expiatorio. Los monos voladores son aquellas personas que colaboran con el narcisista para hacer su trabajo sucio, ya sea por miedo, por interés o por ignorancia. Pueden ser amigos, familiares, compañeros de trabajo o incluso desconocidos que se dejan manipular por el narcisista para perjudicar a la víctima. El *golden child* obedece a la madre narcisista para evitar el castigo emocional y ve en ello un medio de supervivencia.

El chivo expiatorio es el hijo o hija que rechazará el legado de abuso y tiranía en la familia, y evitará que sus propios hijos hereden el sistema de abuso familiar. Para ello, tratará a toda costa de romper el patrón de abuso. Evitará que sus hijos entren en el sistema familiar narcisista tóxico, distanciándolos tanto como pueda. La madre narcisista le exigirá al chivo expiatorio tiempo, dinero y esfuerzo como recompensa por sus «comportamientos rebeldes».

La madre narcisista rechazará a las amistades del chivo expiatorio e incluso puede llegar a lograr que este abandone su trabajo. Puede endeudarse y también descuidar su salud con tal de que el chivo expiatorio cuide de ella a toda costa y se convierta en un «hijo cuidador». La madre narcisista utilizará este método de manipulación con sus hijos para recibir la atención y cuidados que ella merece, según su propio concepto.

El chivo expiatorio es el hijo que termina abandonando el sistema familiar disfuncional en que vivía, aspirando a tener una vida normal, sana y lejos de su madre narcisista y de sus *«hermanos dorados»*.

Los chivos expiatorios, al igual que los demás hijos del sistema, después de haber vivido tantos años dentro del ciclo de abuso familiar pueden terminar con su autoestima muy baja y con una depresión profunda. Si no resuelven y superan estos conflictos personales, es muy probable que terminen relacionándose o casándose con un(a) narcisista y vuelvan a caer en el ciclo de abuso. Estos ciclos de abuso con los hijos son encubiertos y se llevan a cabo en el hogar, tras las paredes del hogar, donde nadie ajeno a la familia puede presenciarlos.

En los sistemas familiares narcisistas, a los chivos expiatorios se los sacrifica de por vida, se los exilia y se les condena a no ser vistos durante el resto de sus días.

En la teoría de los sistemas, la imagen negativa del chivo expiatorio está esculpida en piedra en el sistema familiar. Por más que el chivo expiatorio se esfuerce por respetar el sistema familiar, él siempre será el maldito por haber roto la red de lealtades perversas con la madre narcisista. Es el deseo eterno del sistema familiar por congelar una imagen negativa del chivo expiatorio de por vida. Incluso si el chivo expiatorio vuelve a acercarse al sistema familiar en su etapa adulta, los miembros de este jamás verán, ni por supuesto validarán, su evolución, crecimiento o desarrollo personal. Siempre será visto como aquel que hizo daño al sistema por el simple hecho de existir.

A pesar de que el expulsado haya retornado y trate de comunicarse con el sistema familiar narcisista, este no se comunica con él, no comparten experiencias y solo existen secretos para con él. El chivo expiatorio puede estar presente físicamente, pero es como si fuera un fantasma, una imagen transparente. Ese es el castigo de por vida impuesto por el sistema narcisista por ser el disruptor, el culpable que desencadenó todos los males del sistema familiar.

Por su parte, el *golden child* es el hijo (o hija) predilecto de la narcisista. La madre tomará a uno o varios de sus hijos como su «niño dorado», reflejo y extensión de su personalidad. La narcisista necesita a ese niño (lo habitual es que sea el hijo varón) para presumir de él ante los demás, exaltándolo, aunque, desgraciadamente, no lo hace por el hijo, sino para inflar su propio ego. La madre narcisista no ama al niño de oro, solo lo utiliza.

Los «monos voladores» (los otros miembros cómplices del sistema familiar) siguen las órdenes del narcisista para infligir tormento adicional sobre el chivo expiatorio y actúan como una fuerza de acoso contra la víctima del sistema familiar. Para ocultar el crimen narcisista, la madre convierte al chivo expiatorio en el enemigo de los hermanos. Las tácticas varían de sistema en sistema. Sin embargo, por lo general consisten en espiar, difundir información, amenazar y dramatizar para mostrarse como la víctima del chivo expiatorio, al que señalan como el perpetrador. Todos los sistemas narcisistas culpan siempre a la víctima y exoneran a la madre narcisista. El sistema familiar mostrará a la madre como la víctima del chivo expiatorio, pese a que en realidad sea la verdadera perpetradora.

A pesar de la ayuda de los «monos voladores», la madre narcisista no dudará en convertirlos en sus chivos expiatorios cuando sea necesario. Esto será parte del juego de manipulación.

Los «monos voladores» pueden hacer que parezca que la madre narcisista no está involucrada o probablemente no tengan idea de que están siendo utilizados.

Es posible que algunos miembros de la familia puedan intentar de buena fe resolver el problema y tratar de defender a la víctima del abuso, pero la madre narcisista logrará que esos parientes o amigos reciban todo el peso del rechazo y la crítica que se ejercerá hacia los traidores que apoyaron al chivo expiatorio.

En un sistema familiar narcisista siempre existirá el proveedor de suplemento narcisista (habilitador del sistema), también conocido como co-narcisista. Este será uno de los perfiles más complejos y perversos del sistema. Es el brazo oscuro de la madre narcisista. Es el hijo o hija que provee a la progenitora de munición contra el chivo expiatorio y contra los demás miembros de la familia. Este hijo o hija aprende a muy pronta edad a manipular a los demás, especialmente a los miembros del sistema. Incluso aprende a manipular a la propia madre narcisista, creando una relación dependiente.

Con el tiempo, la progenitora narcisista continuará con todas las prácticas que usó con sus hijos y las empleará con sus nietos, alimentándolos de rencores en contra de los chivos expiatorios (los antiguos y los nuevos).

Si los nietos provienen de un hijo co-narcisista, es muy probable que se desarrolle un hijo chivo expiatorio dentro del sistema familiar narcisista de tercera generación, ya que este es sistémico generacional.

El padre narcisista

Un padre narcisista puede causar daño psicológico a sus hijos, mostrándose indiferente a los lazos entre ambos, manipulando a los niños para obtener su afecto e ignorando las necesidades de estos en favor de las suyas propias. La imagen que proyectan hacia los demás es muy importante para ellos, y exigen la perfección en sus hijos para así poder incluirlos en esa imagen que muestran al resto, pues los consideran como sus logros. Esto puede causar en el hijo una presión continua por mejorar en todo lo que hace, piensa o dice. Puede que el niño intente cumplir los deseos de su padre (lo cual muchas veces será imposible y le costará gran sufrimiento) o bien elegirá ignorar esas exigencias, por lo que sufrirá daño psicológico y la relación padre-hijo quedará dañada.

Un padre narcisista puede afectar a su hijo o hija de diversas maneras:

Los hijos(as) de padres narcisistas habitualmente expresan no sentir satisfechas sus necesidades de atención por parte del progenitor, lo cual puede agravarse si tienen hermanos, con los que tendrán que competir. De pequeños pueden recibir halagos del padre, pero cuando crecen estos desaparecen, por lo que estos hijos cada vez demuestran ser más insuficientes. Como es de esperar, esto puede afectar al desarrollo de su personalidad al llegar a la adultez, puesto que la distancia paterno-filial causa preocupación y desasosiego. Posiblemente, los hijos busquen el éxito para obtener la aprobación paterna, aunque por supuesto no la obtendrán.

Con un padre así nunca es posible sentirse suficiente, por lo que las relaciones sociales y familiares que posteriormente se desarrollen se verán condicionadas. Al crecer, estos hijos de padres narcisistas pueden verse más afectados cuando sean rechazados por otros, pueden sentirse demasiado ansiosos ante compromisos y por eso evitarlos, o buscar tan desesperadamente el éxito que nunca tengan suficiente.

Otra posibilidad es que adopten la personalidad narcisista, con las consecuencias negativas que esto implica.

Si el niño tiende a compararse con la figura paterna, es posible que sienta que jamás podrá alcanzarla. Esto será más complejo aún si el padre compite directamente con el hijo o si se posiciona como modelo a seguir.

Como un niño no puede vencer a su padre en casi ninguna circunstancia que implique competencia, cuando finalmente sea adulto habrá interiorizado la idea de que su padre es mejor que él en todo. Es posible que el menor (incluso ya siendo adulto) intente lograr el éxito en cualquier ámbito de su vida para así conseguir la atención paterna y algo que se parezca a una migaja de orgullo por parte del padre narcisista. Sin embargo, por mucho éxito que logre, un padre narcisista no mostrará orgullo por su hijo (aunque a veces pueda sentirlo), lo cual afectará gravemente la relación entre ambos.

Una de las peores posibilidades es que el hijo acabe imitando el patrón de conducta y personalidad del padre narcisista y se convierta a su vez en un narcisista, compensando la falta de amor recibido mediante un gran amor propio, que aun así necesitará de la aprobación externa continua.

¿Qué hacer cuando has crecido con un padre narcisista?

En primer lugar, no permitir que te haga daño y, si es necesario, el contacto cero para evitar que te cause daño psicológico. Esta es una decisión que tienes derecho a tomar por tu autocuidado. Siendo un adulto, puedes decidir distanciarte y no permitirle que te convierta en víctima de sus comportamientos abusivos.

Hermanos narcisistas

Un individuo narcisista puede haberse formado en un ambiente familiar alienante, invalidante de alguna forma o abusivo, pues el narcisismo es un mecanismo de defensa desarrollado para la vida en general. En este caso podríamos pensar que ese hijo ha sido un chivo expiatorio para sus padres.

Sin embargo, existen niños que no se han formado en un hogar con estas características y que de hecho lo han tenido todo (han sido amados y cuidados) y, aun así, su personalidad ha devenido narcisista. Y en estos casos podemos inferir que se trata de un *golden child*.

Llevo casi veinte años escuchando en mi consulta las experiencias de víctimas de **hermanos narcisistas**. Suelen llegar confusas y sin entender lo que están viviendo, convencidas de que se trata de una situación de rivalidad fraterna o de celos que les causa un enorme sufrimiento, pues no entienden qué es lo que hacen mal para generar esa enemistad con su hermano o hermana, por quien no tienen sentimientos aversivos; por el contrario, anhelan mantener una buena relación.

Sin embargo, no se trata de celos, sino de la existencia en la familia de un hermano narcisista, con todo lo que esto implica.

Los hermanos narcisistas se apoderan de todo:

▶ De los padres
▶ Del dinero de los padres

- Del manejo del patrimonio de los padres
- De la casa de los padres y de todos los bienes que pueda haber en ella (si hay más de una casa, también se apropiarán de ella)

Cuando son niños, los hermanos narcisistas son los que causan problemas en la familia y fuera de ella, pudiendo incluso maltratar a sus compañeros de escuela o amigos. Suelen ser egoístas desde pequeños y generadores constantes de situaciones de conflicto.

Cuando llegan a la edad adulta, los hermanos narcisistas harán de tu vida un infierno judicial cuando de temas hereditarios se trate. En los temas sucesorios se volverán un Caballo de Troya que obstaculizará el proceso judicial, haciendo inviable toda posibilidad de acuerdos amigables y justos (ya que solo aceptarán como única posibilidad el quedarse con todo). No se trata de celos sino de envidia patológica, de personalidades antisociales que necesitan ver al otro sometido bajo su control. Se trata de una envidia y un odio provocados por no saber gestionarse a ellos mismos y que los lleva a actuar de forma malvada, destructiva e injusta. No les importará en absoluto que exista un lazo de sangre, ni recuerdos familiares, ni tampoco las etapas de la vida compartidas, menos aún que hayas sido amoroso con ellos. Los hermanos narcisistas solo actuaban falsamente, fingiendo afecto para lograr lo que querían. Si eres víctima de un hermano o hermana narcisista, debes saber que tienes al enemigo en casa y que durante el proceso sucesorio vas a sentir como nunca la potencia devastadora del fuego amigo.

Los hermanos narcisistas revisten algunas características particulares que te pueden ayudar a identificarlos:

- Son conflictivos y generan problemas en todos los ámbitos

Dana no tenía ningún inconveniente en que la familia al completo se reuniera en su casa para pasar la Nochebuena, aun cuando el trabajo para ella se incrementara porque las familias de sus hermanos más sus padres conformaban un grupo de veinticinco personas. Dana cocinaba, decoraba la casa, era la anfitriona durante toda la noche, sin apenas poder sentarse a la mesa, y se ocupaba de los regalos de todos.

Sin embargo, nada era suficiente para su hermano Juan, que cada año generaba una situación de conflicto diferente en la Nochebuena familiar por algún motivo fabricado en el momento y de la nada, de modo que se ocasionaba un malestar tal que nadie lograba disfrutar y la organización y esfuerzo de su hermana quedaban en segundo plano ante el escándalo montado por él, que terminaba retirándose con toda su familia antes del brindis o a los diez minutos de brindar, dejando a todos con un sabor amargo y sintiéndose culpables de algo que nadie entendía. Juan lograba volverse el centro, generar un conflicto, arruinar el festejo de todos y dejar a su hermana frustrada, con el aroma de sus jazmines en las manos, mientras las flores se marchitaban sobre la mesa navideña. Su envidia y odio hacia ella eran irracionales y se había evidenciado desde la infancia.

Él era el *golden child* de su madre, que lo continuaba justificando y encontrando razones para sus ataques de ira navideños.

▶ Se apoderan de las pertenencias de los demás integrantes de la familia (todo es de ellos)

La caja de seguridad donde estaba el dinero de la madre era de dominio exclusivo de ella. Su hermana no tenía ni siquiera una llave (aun cuando una parte del dinero de la sucesión de su padre se guardaba en ella). La madre se sentía tranquila porque su «niña dorada» estaba a cargo de esa caja de seguridad (que ya no era segura desde que era controlada abusivamente por la niña de sus ojos). Si ella estaba al control, su madre estaba en paz y se sentía a salvo. Sin embargo, si necesitaba compañía, o pedir citas médicas, hacerse pruebas o cualquier cuestión de salud, era a su otra hija a quien recurría. La otra hermana, la que no tenía llave de la caja de seguridad, era la única que se ocupaba de su salud. Su «niña dorada» solo se preocupaba del dinero.

Un día, la hermana que se ocupaba de la salud de la madre reunió coraje y le dijo a esta que o le daba una llave de la caja de seguridad o simplemente retiraría el dinero de su propiedad que había en la misma. Lo único que recibió de su madre fue una acusación: ¿Acaso desconfías de tu hermana? El poder de su *golden child* había sido puesto en jaque. Su otra hija quería algo de equidad y eso atentaba contra el sistema abusivo familiar.

Aunque finalmente esta última retiró su dinero personal de la caja de seguridad, nada le quitaría el dolor de la injusticia y la desigualdad que de forma evidente su propia madre avalaba.

▶ Se desinteresan de los problemas familiares (cuando surge la necesidad de cuidado de los padres, ya mayores, serán los que nunca puedan ni colaboren)

«La tía es la que nunca puede ocuparse de la abuela Clara porque ella tiene problemas, no sé bien de qué, creo que ansiedad o algo así. Además, no conduce y cuando algo pasa se asusta y no sabe qué hacer. Entonces la abuela llama directamente a mi mamá, que es la que siempre le resuelve todo», me dijo mi paciente con sus lúcidos trece años.

Le pregunté cómo se organizarían ahora que su abuela tenía que pasar por una intervención quirúrgica, su madre estaría cuidándola y su padre estaba de viaje.

«Seguro que me quedo sola, porque la tía está en Necochea, en una casa que tiene mi abuela, y se queda allá un mes, por eso de su ansiedad», respondió con naturalidad.

La hija dorada en la casa de la playa de la madre narcisista y el chivo expiatorio ocupándose de la salud de su madre en Buenos Aires. Y esto era asumido por todos con absoluta naturalidad.

«Mi abuela es injusta y eso no me gusta. Mi mamá descubrió que a mi prima le paga el seguro médico y le pasa una mensualidad, y a mí no. Cuando mi mamá se lo dijo a mi abuela, ella se lo negó y cuando le mostró pruebas del banco, le dijo que era porque yo no lo necesito. Mi mamá le dijo que a ella nunca le ha preguntado si lo necesitaba o no y se puso a llorar, y la abuela la culpó diciéndole que se lo ocultó porque sabía que se iba a enfadar. Y es obvio que se iba a enfadar. Y yo también, porque no es justo que a una nieta sí y a la otra no», dijo con firmeza en la voz y lágrimas en los ojos.

Lo que ella no sabía es que la nieta de la hija dorada siempre obtiene beneficios especiales, y eso siempre será así, por injusto que sea.

▶ Piden préstamos de dinero que jamás devuelven

Los tres hermanos habían quedado como herederos del negocio familiar, después del fallecimiento de su padre y el retiro de su madre, una adulta ya mayor. Los tres, dos varones y una mujer, trabajaban diariamente en el negocio con tareas específicas cada uno. Dos de ellos estaban casados y tenían hijos, y la mujer estaba soltera y sin hijos. Sol vivía sola y tenía una profesión que ejercía fuera del horario en que trabajaba en el negocio familiar, y era la única que vivía pendiente de su madre, porque vivía cerca, porque no tenía hijos, porque era la mujer, porque... porque... porque... porque era el chivo expiatorio.

Uno de los hermanos había tomado el control del negocio y era quien repartía las ganancias a los otros hermanos, sin que estos controlaran nada ni tampoco pidieran una rendición de cuentas. Y como el que parte y reparte... (ya conocéis el final), claramente se llevaba la mayor parte de toda la ganancia y además firmaba créditos a nombre de la empresa para la adquisición de bienes personales de manera unilateral y sin consultarlo (ni siquiera informaba ni comunicaba nada a sus hermanos). Eran créditos para bienes personales, pero que pagaban todos los hermanos, a quienes jamás les restituía su parte.

El hijo dorado estaba en acción.

Sol se daba cuenta de todo esto, pero no se atrevía a decirle nada a su hermano y solo lo comentó con el otro hermano, que le dijo: «Ya sabes cómo es». Ante esa respuesta, y entendiendo que su hermano tampoco se atrevía a cuestionar nada, decidió hacerle saber a su madre esta situación, esperando alguna palabra que al menos la confortara en la injusticia. La respuesta de su madre la dejó sin palabras: «Pero tú eres tonta, Sol, hazte valer», le dijo ofuscada, haciéndole sentir vulnerada por su hermano y culpable por dejarse abusar. El chivo expiatorio siempre es el culpable de todo, incluso de ser abusado, mientras el hijo dorado siempre será el protegido, elegido y eximido de toda culpa y cargo.

▶ Compiten por el amor y la atención de los padres

Él llegó a mi consultorio devastado y se dejó caer sobre el sillón como si alguien lo hubiera derribado. El encuentro comenzó con su relato sobre la situación familiar que estaba viviendo y el impacto que esto estaba teniendo en su matrimonio, a punto de terminar por culpa de esta situación. Se le veía sensible, genuino, con una angustia que le anudaba la garganta y sin entender qué pasaba y cómo se había desatado este caos familiar. Ni siquiera podía hablar cuando pensaba en que su hijita de cuatro años tendría que atravesar la separación de sus padres por una situación tan injusta.

Su padre había fallecido algunos años atrás a consecuencia de una enfermedad oncológica y este duelo había golpeado a su familia. Tal vez esperaba que esta pérdida los uniera aún más como familia, pero no fue eso lo que sucedió.

Su hermana se había separado y si bien él se mantuvo unido a ella, incluyéndola en sus vacaciones familiares y manteniéndose cerca de su sobrina, algo inexplicable para él había sucedido y se había desatado el infierno.

Su hermana lanzó sobre él una acusación gravísima, algo sucedido según ella durante su infancia y gran parte de su adolescencia. Así se lo hizo saber con detalles escalofriantes a su esposa y a su madre. La acusación era de gravedad y la convertía a ella en víctima de por vida, a quien todo lo que se le brindara no alcanzaría jamás para compensarle el daño que, según ella, su hermano le había causado. El problema era que el perfil de su hermano no respondía en absoluto al que ella describía en su relato. Sin embargo, el de ella respondía en todas y cada una de sus características a un trastorno narcisista de personalidad.

Su madre narcisista creyó sin objeción a su hija dorada, aunque seguía esperando de él su asistencia habitual para con ella, porque su *golden child* jamás se había ocupado de nada.

La hermana narcisista tenía ahora (y como siempre) la atención plena de su madre (al igual que su hija), porque ser víctima te vuelve intocable y merecedora de todos los beneficios.

Ella lo había logrado una vez más.

El chivo expiatorio quedó exiliado del sistema familiar. Ella quedó como hija única (y su hija como nieta única).

▶ Puedes sentir que te odian sin entender las causas de ese odio desmedido e injustificado

Desde siempre, Claudio había sentido el desprecio de su hermano. Desde muy niños, y por algún motivo desconocido, su hermano lo molestaba física, verbal y psicológicamente. Lo menospreciaba, se burlaba de él y no perdía ocasión para dejarlo expuesto. En la adolescencia buscaba hacerse amigo de sus amigos y dejarlo de lado, quedándose con ellos. Trataba de seducir a sus novias o a las chicas que le gustaban, e incluso cuando Claudio empezó a realizar algunos trabajos menores de verano, le robaba el dinero que ahorraba. Hoy Claudio tiene un importante estudio de arquitectura y una vida profesional y familiar próspera y plena. Sin embargo, su hermano no ha progresado económicamente y se ha divorciado de su esposa. Por supuesto, continúa maltratando a Claudio y a su esposa Romina en reuniones y festejos familiares, ante la mirada de la madre narcisista, que contempla a su hijo dorado sin pronunciarse jamás en su contra ni en defensa del chivo expiatorio, aunque, por supuesto, es a Claudio a quien recurre cuando necesita algo. Y este siempre está ahí, porque entre exiliado y abusado, sigue eligiendo el abuso.

▶ Destruyen los vínculos entre todos los miembros de la familia (dividen para reinar)

Jésica fue desde el comienzo de su infancia el gran problema familiar, primero por su salud y después porque, a partir de esos problemas de salud, su madre la sobreprotegió de tal manera que la transformó en una pequeña tirana. Con el paso de la adolescencia y la llegada a la juventud, el perfil de la hermana narcisista había quedado delineado con claridad y sus efectos sobre la familia se hacían sentir con una fuerza que azotaba todos los vínculos interpersonales. Sus hermanos y hermanas fueron haciendo sus vidas y formando sus propias familias. Sin embargo, ella (pasados sus treinta) siguió instalada en la casa de sus padres, sin trabajar y en condición de estudiante eterna. Jésica tomó el control del dinero de sus padres, ya mayores, y se ocupó de interrumpir la comunicación entre los hermanos para mantenerse en el poder. Destruyó los vínculos entre hermanos y los de sus padres con ellos. Solo ella se encuentra al mando del patrimonio y el dinero de sus padres, vive en la casa familiar y tiene el monopolio exclusivo del vínculo con sus padres, mientras se prepara para la batalla legal por la sucesión.

ESTRATEGIAS DE ATAQUE

Estas son las estrategias que utiliza el abusador perverso para lograr su objetivo, que es el agotamiento de los recursos de su víctima mediante la manipulación, el engaño y la devaluación para lograr su destrucción. Las personalidades narcisistas y psicopáticas son expertas en el uso de estas técnicas, que tienen la potencialidad de generar trauma en quien las padece por parte de una persona significativa, afectando a sus sistemas de defensa.

Violencia verbal

En las personalidades narcisistas la utilización de la violencia verbal es una constante mucho mayor que la violencia física. Las palabras son el arma más poderosa de las personas abusivas, sobre todo para devaluar. Las utilizan de modo pasivo-agresivo para humillarte y hacerte sentir que eres alguien muy diferente de quien realmente eres. Hacerte sentir menos es parte de la esencia del narcisista, y lo hará utilizando la palabra para herirte.

Recuerdo algunas expresiones de violencia verbal utilizada por narcisistas que me han relatado en consulta sus víctimas:

> *«No sirves para nada»*
> *«Vives porque el aire es gratis»*
> *«Quiero ver qué haces sin mí»*
> *«Estudiaste para ser nadie»*

«Vas a terminar en la calle si yo no estoy»
«A tu edad quién te va a mirar»

Violencia física

Esta forma de violencia no es la más utilizada por los narcisistas, pero eso no significa que en algún momento pueda aparecer, en forma de golpes, empujones, violación o incluso llegar a un homicidio o feminicidio.

Que no sea el tipo de violencia que utilizan habitualmente no significa que no puedan utilizarla en una explosión de ira incontrolable.

Manipulación emocional

Te manipulan creándote una falsa culpa o convenciéndote de que tienes la obligación de hacer algo que ellos quieren (algo a lo que en ocasiones la víctima accede por miedo). Recuerdo a un paciente que había terminado una relación de noviazgo de nueve años, periodo durante el cual como profesional había crecido económicamente. Al terminar la relación, su ahora exnovia narcisista lo había convencido de que él había podido incrementar su patrimonio gracias a la tranquilidad que ella le había brindado durante el noviazgo, por lo que le correspondía como mínimo una casa, aunque en realidad le correspondería mucho más si él fuera una persona de bien, y no un tacaño, como le dijo. Y lo había convencido de que era su derecho recibir ese bien.

En el ámbito familiar, cuando hay un progenitor narcisista es habitual que acusen al chivo expiatorio de traidor si decide independizarse.

En vínculos abusivos, la manipulación emocional es una constante y constituye un tipo de violencia perversa que se utiliza de manera encubierta (la víctima no llega a percibir que se trata de una amenaza si no se somete a las condiciones de lo que el narcisista quiere) porque su mente está secuestrada para complacerlo. Un hijo narcisista adulto cuya madre era una psicópata narcisista utilizaba el chantaje emocional con su padre (divorciado de su madre) mediante el silencio, dejando de hablarle durante semanas; así lo hizo cuando este solicitó la división del condominio de la propiedad, que había quedado como bien ganancial. El chantaje emocional extorsivo es una estrategia de ataque propia de personalidades narcisistas y psicopáticas.

Triangulación

Otra técnica de manipulación utilizada como estrategia de ataque es poner a la víctima en situación de competencia continua respecto de otras personas, con la intención de generar sentimientos de inseguridad, celos y miedo a la pérdida del amor del otro.

Los narcisistas utilizan la triangulación con un doble fin: por un lado, agigantar su ego y por otro, hacerte creer que son deseados por muchas personas. Todo esto lo hacen con la clara intención de provocarte celos, bajar tu autoestima, menguar tu seguridad personal y generarte miedo de que alguien mejor aparezca. Recuerdo a Laura relatarme en consulta cómo su expareja narcisista, en cada desvinculación (en las que ella terminaba la relación), coqueteaba con otras compañeras de trabajo de ambos deliberadamente para provocar en ella celos y hacerla dudar de su decisión de perderlo (algo que consiguió durante mucho tiempo).

Sabotear

Las personalidades narcisistas no quieren verte feliz ni teniendo logros ni desarrollando tus proyectos, y menos aún verte realizado y disfrutando de tu vida. No quieren verte feliz (aunque digan lo contrario) y harán todo lo que está a su alcance para arruinar los momentos importantes de tu vida.

Viviana, cuya madre narcisista odiaba verla realizada, exitosa y triunfando, se encargaba de armarle un escándalo, hacerle reproches o generarle culpa o inseguridad sobre su aspecto cada vez que ella tenía una presentación importante. Viviana solía decirme: «Parece que lo hace a propósito. Siempre hace esto antes de algún momento importante para mí. Parece que no puede verme feliz». Lamentablemente, era tal como ella lo sentía.

Retención

La retención es una estrategia de ataque que utilizan cuando te estás alejando o perciben que estás a punto de hacerlo. Aquí también te crean una falsa culpa y te exigen como obligación que les devuelvas todo lo que hicieron por ti. El miedo es perder el control de su presa. Si la víctima se escapa, se acaba el suministro narcisista y hay que buscar una víctima nueva.

Lucrecia, cuyo padre era narcisista, me relataba en cada consulta cómo su padre (con quien trabajaba) retenía las transferencias de su sueldo cuando ella no satisfacía todas sus demandas y no le prestaba la atención que él esperaba.

Laura me mostraba con angustia los mensajes que le enviaba su expareja echándole en cara haberlo «dejado tirado» cuando él siempre había estado en los peores momentos de ella, meses después de haber terminado ella la relación y estar en proceso de establecer el contacto cero.

Intimidación

Los narcisistas utilizan una sutil modalidad de amenaza que es la intimidación, aunque, por supuesto, lo hacen de manera encubierta, haciéndote saber que deberías tener mucho cuidado con ellos. Te dejan entrever que son peligrosos para evitar que te defiendas de sus abusos y les establezcas límites. Ellos saben muy bien que están en desventaja y que pueden perder (lo saben porque son muy cobardes, a pesar de lo que muestran), y, cuando ven a su víctima empoderada y escapándose de su control, se sienten humillados y recurren a la intimidación como estrategia de ataque defensivo.

El padre de Julián me pedía que por favor escuchara los audios de su hijo, porque él los percibía amenazantes, aunque, producto de su disonancia cognitiva, dudaba de sus propias percepciones. Ellos trabajaban juntos y el padre estaba a cargo de los proyectos que se emprendían, mientras Julián trabajaba para él. Cuando estaba disconforme con algún cliente (algo que era habitual por su personalidad prepotente y conflictiva), le dejaba a su padre audios en este modo intimidatorio encubierto: «Bueno, tú sabes que si no cumplen pueden pasar cosas. No es bueno meterse conmigo». Su padre percibía muy bien: había una amenaza encubierta.

Rescate

Si algo divierte a los narcisistas es jugar el juego del rescatador. Primero crean a sus víctimas un escenario de caos y dolor emocional, las perturban emocionalmente y las devalúan hasta desmoronar su seguridad personal. Una vez logrado su cometido, hacen su aparición triunfal en escena jugando a los salvadores. Hay algo perverso en esta estrategia de ataque, pues genera el mal de su víctima, para quedar luego como el protagonista de su bien.

Cada vez que Laura decidía terminar su relación con el narcisista y él notaba que perdía a su víctima, utilizaba esta estrategia de forma magistral. «En la oficina están todos preocupados y me vienen a preguntar a mí qué te pasa porque no te ven bien, no te ven feliz. Las hijas del dueño me decían que les da pena que no tengas una vida fuera del trabajo, que te veían mejor cuando estabas conmigo. Yo la verdad tampoco te veo feliz, te peleas con todo el mundo y no tratas bien a la gente. ¿Estás bien? ¿De verdad te sientes más feliz ahora? A mí solo me importa verte bien. ¿Quieres que vayamos a tomar algo y me cuentas qué te pasa? Por ahí te puedo ayudar».

El narcisista te empuja al abismo de la angustia y en el instante en que estás en caída libre, aparece con su capa de narcisista encubierto, listo para rescatarte del lugar donde estás porque él te ha empujado. Perverso y siniestro.

Ley de hielo

Cuando una persona narcisista significativa en tu vida te aplica la ley de hielo (silencio y ausencia), no te habla ni te ve (te genera la sensación de no existir), de manera instantánea aparece en ti una sensación de devastación y aniquilamiento. La ley de hielo es mucho peor que la violencia física o verbal porque te hace sentir que no revistes ningún valor como persona (no vales ni siquiera como para merecer que se te responda un mensaje).

El poder de destructividad que tiene la aplicación de la ley de hielo reside en que toca heridas de la infancia, como la del abandono, con el consiguiente miedo a la soledad.

La aplicación de esta ley tiene como objetivo producir un daño en la otra persona y es claramente una conducta psicopática que forma parte del trato intermitente: no te hablan ni te ven durante un tiempo y luego, sin que medie una charla sobre lo que haya sucedido o motivado esa conducta, aparecen un día como si nada. Esta modalidad devaluatoria se utiliza reiteradamente de manera cíclica.

Negarle existencia a la víctima haciéndola invisible provoca daño en su salud mental, porque el ser humano necesita el contacto con el otro.

La ley de hielo interrumpe la comunicación (pese a que con una persona narcisista nunca hay una comunicación real) y, por lo general, la víctima prefiere sufrir en silencio y callar, porque hablar significa que el narcisista utilice el silencio como castigo para que no te defiendas y así anular tu voz. La ley de hielo es una estrategia de ataque que busca el disciplinamiento de la víctima.

El padre de Julián, en cada ocasión en que tenía un desacuerdo laboral o personal con su hijo, sufría en silencio y con profundo dolor emocional y moral la aplicación del castigo del silencio (y por supuesto buscaba justificar las conductas perversas de su hijo narcisista), a pesar del sufrimiento que le causaba. Un día, después de una semana de padecer dicho castigo por parte de su hijo, lo percibí de mejor ánimo y le pregunté si Julián había retomado el diálogo con él. Me respondió visiblemente aliviado y contento: «Por lo menos me ha contestado un monosílabo. Un "sí" es más que nada». La víctima se conforma con migajas en el vínculo de sumisión con su amo. Tan doloroso como real.

Relatos de consulta I

Fraude

Tú eras la cruz de la que tuve que bajarme solo y por mis propios medios, como pude y perdiéndolo todo, pero justo antes de que lograras enterrarme, porque sabía que lo ibas a lograr y no iba a poder resucitar. Nunca fuiste confiable, siempre mintiendo, ocultando, tomando lo que no era tuyo. Buscabas aparentar lo que todos sabían que no eras, pero insistías en querer llegar ahí donde no llegabas y ni siquiera aspirabas a hacerlo con tu propio esfuerzo sino con el mío. Dios sabe que lo di todo y más, hasta que mi infelicidad a tu lado fue tanta que prefería trabajar las veinticuatro horas antes de tener que verte. No supe calarte a tiempo y convertiste mi vida en un pequeño infierno diario. Te gustaba alardear de tu familia ante todos, y muy especialmente ante la agrupación de Padres de Familia del colegio católico, aunque nunca contaste lo poco católico de tus conductas morales.

Un día empecé a sentir un profundo rechazo por ti después de ocho años de abusos, y el rechazo se volvió asco, y el asco repulsión. No soportaba siquiera mirarte ni estar cerca. Ahora puedo decir en voz alta ***abuso y repulsión***, será que algo ha cambiado en mí y para siempre.

El día en que me fui te dije que ya no te amaba a la cara y ninguna de tus manipulaciones tuvieron el efecto suficiente para retenerme, y eso que me hiciste ofertas miserables, como que no había problema si quería tener una amante mientras me quedara ahí para que siguieras abusando emocional y económicamente de mí. Pero

¿sabes qué?, yo no tenía una amante ni tenía ganas de negociar con un ser amoral como tú, solo quería alejarme de esa casa cuanto antes y asegurarme de que fuera para siempre. No me importaba lo que tuviera que perder mientras mi vida y mi dignidad estuvieran a salvo. Y me fui, con lo puesto y sabiendo que lo perdía todo, pero me salvaba de la cruz que eras en mi vida. Ese amor mentiroso que me jurabas para retenerme pasó a ser odio en el instante mismo en que crucé la puerta. Me di cuenta al poco tiempo, cuando vi al portero con mis camisas. Ya me habías descartado porque no me habías podido dominar, someter, retener para seguir abusando de mí. Lo perdí todo, menos a mí mismo.

 Tu derrotero fatal por la vida siguió con más y más abusos, aunque esta vez las víctimas fueron otros, ingenuos que creían en la fachada social que mostrabas y que te ayudaban cuando te victimizabas, sin ellos llegar a saber que eras el verdugo. Les robaste, los estafaste, hiciste todo lo que podía esperarse de ti, pero ellos no lo sabían. Ellos te creyeron víctima, pese a que eras una perpetradora en serie de abusos narcisistas. Los vecinos del consorcio que te inició una causa penal por fraude todavía esperan que rindas cuentas, no saben que tú robas sin rendir cuentas a nadie, solo te apropias de lo que no es tuyo, así de simple. Tu especialidad es el fraude, económico y moral. Simplemente te dedicas al abuso de confianza y ni siquiera lo consideras como algo que esté mal.

 Yo hace más de quince años que decidí no sentarme más contigo en la mesa de la confianza porque sé que el fraude está asegurado.

 El divorcio fue el punto final para la disolución de una sociedad conyugal con una socia que tenía vicios redhibitorios como ser humano. Y tuviste el descaro de decirme que yo había prometido que sería «hasta que la muerte nos separe». Y es cierto, pero nunca prometí padecer tus abusos. Yo decidí que nuestra fallida sociedad conyugal fuera «hasta que tu abuso narcisista nos separe» y cumplí. El divorcio se firmó después de todas tus fallidas maniobras para destruirme moralmente y llegaste al día de la firma vestida con la ropa que usaste para el casamiento civil. Nunca en mi vida te había visto tan claramente perversa. Mi repulsión alcanzó proporciones inimaginables. Hasta hoy no puedo pronunciar tu nombre, y si alguien más se llama así, jamás puedo recordarlo. Te volviste impronunciable para mí. Será consecuencia de la repulsión que me provoca tu recuerdo.

Sí, repulsión, es eso.
No hay otra palabra.
Me robaste todo lo material.
Me estafaste y lo material lo perdí todo.
Pero lo moral no.
Mi integridad y mi dignidad siguen intactas.
Lo más valioso lo perdiste tú, porque me perdiste a mí.
Eso es lo que nunca volviste a tener, la nobleza de mi ser.
Estás infectada por dentro, lo sabes, y todo lo infecto en ti proviene de lugares oscuros que producen horror y espanto.
Eres tinieblas y yo nunca supe vivir ahí, por eso me fui.
Demasiada oscuridad y violencia moral.
Sola estás mejor, así no dañas a nadie salvo a ti misma y a los pocos incautos que todavía te rodean.
Tú eres tu propio infierno.
Fuiste mi cruz, pero ya me bajé.
Dios se apiade de tu alma.

Yo me voy a curar de ti

Mendigar amor y tratar de mostrarle al otro que estás sanando es un intento desesperado de la dignidad por aparecer en escena, pero que solo evidencia lo innegable.

La herida sangra tanto que ni siquiera te permite ser consciente de que estás manchándolo todo y, además, te estás desangrando.

Yo me estoy curando, espero que algún día te puedas dar cuenta de que perdiste a una persona que te amaba, aunque ahora no lo valores. Si llegas a escribirme, yo voy a estar aquí, como siempre. No significa que vaya a esperarte, pero voy a estar aquí para ti. Deseo que seas feliz buscando eso que en mí no encontraste. Ojalá lo encuentres, de corazón. Nada, lo último, sé feliz, no te olvides. Yo voy a seguir adelante sin ti a pesar de todo el amor que siento y que no fue suficiente. Bueno, nada. Esta vez sí es lo último. Yo me estoy curando, voy a estar bien. Podemos ser amigos, si quieres, claro. No sé, cuando quieras contéstame. Sin presiones, jajaja, en serio, yo no tengo problema, sabes que te quiero. Lo último, sabes que te amo, ¿no?

Ya está, no te voy a rogar. Me estoy curando. He empezado terapia, ¿no te lo había dicho? Ah, cierto, te había dicho que era lo último. Bueno, no escribo más. Ya está. Gracias por estos años lindos. Siempre te voy a amar. Cuídate o que alguien más te cuide, porque ahora yo no voy a poder. Sé feliz con quien puedas, o quieras, jajaja, porque conmigo no quisiste o no pudiste.

A veces, aceptar que no te aman, que no te eligen, que no es contigo, es el camino más digno. No significa que no sea doloroso, pero hay un momento donde la razón debe imponerse al sentir, y si soltar te duele, debes entender que retener te causa un sufrimiento mayor.

Tienes que dejar ir por dignidad, por amor propio, por autorrespeto, porque, aunque estés roto y ni siquiera tengas energía para buscar tus partes, no puedes perder la última gota de amor hacia ti.

Y humillado, avergonzado, sintiéndote insignificante, incapaz de todo, con ninguna posibilidad de nada, tienes que darle el último zarpazo al orgullo y tirar del hilo que haya quedado suelto para aferrarte a él.

Un hilo de orgullo es mucho más que una madeja de súplicas de amor indignas.

No puedes seguir arrastrándote en tu dignidad, por más que te duelan el alma, el cuerpo, el corazón y los recuerdos.

Aunque la melancolía te lleve a sentirte miserable y la nostalgia te asalte al límite de ir a buscar el rescate del último ansiolítico que te queda en el blíster que llevas como antídoto de la angustia en la billetera, te vas a respetar y no le vas a mandar ningún mensaje más.

¡Basta!

Si es basta para el otro, es basta para ti.

Basta para todos.

Aunque llores, grites y te tires al suelo de la impotencia, de la bronca y la furia que te produce haber amado bien y que al otro no le pase lo mismo.

No se trata de que sea justo, se trata de que tienes que aceptar, aunque no entiendas.

Se acabó.

No hay lugar para ninguna mayúscula más en tus mensajes eternos de falta de amor propio.

No quiere leerte, ni verte, ni compartir tiempo contigo, ni la vida, ni tener proyectos.

No quiere, no le importa.

Te lo dijo de mil maneras que te negaste a escuchar.

Te lo dijo con palabras.

Te lo dijo con ausencias.

Te lo dijo con esos «Yo también» apenas audibles que seguían a tus gritos de «Te quierooo».

No quisiste ver.

No quisiste oír.

Y ahora no quieres aceptar.

No te ama.

No te elige.

Su proyecto de pareja no es contigo.

Su amor no es para ti.

No le pasa.

No puede hacer nada para que le pase lo que no le pasa.

Acéptalo.

Ríndete ante la verdad ineludible.

Deja de evitar el duelo, lo vienes esquivando desde el primer momento y ahora lo vas a tener por los dos años que lo postergaste a fuerza de mendigar un encuentro más.

Cuando no fluye, no es.

Cuando no es naturalmente espontáneo, no es.

Pero tú no aceptas el no del otro, tú fuerzas hasta lo imposible, te aferras para no perder y pierdes igual. Soporta la falta de una puta vez.

Deja de suplicar amor y empieza a buscar recursos para amarte a ti mismo.

No alcanza con tu sobrecarga de amor cuando no te aman.

El bombardeo de amor no está funcionando y nunca aprendiste a gestionar adecuadamente la frustración.

Basta de temas musicales con mensajes que imponen una respuesta a través del único canal que ella no puede cerrar, el e-mail de la empresa que os liga fatalmente en coordenadas de tiempo y espacio que forzaste para que se convirtieran en «algo más» durante meses hasta conseguir alzarte con el botín, ella.

Lo que estás haciendo es acoso, la estás hostigando, aunque tengas la imbecilidad moral como para decirle el lunes «yo no soy el del viernes». Te escondiste en tu coche en un lugar alejado y oculto cercano a su casa para esperar a que llegara y lanzarte sobre ella como un depredador, exigiéndole que te abriera la puerta porque no ibas a irte hasta que lo hiciera.

Sí es acoso.

Sí, eres un acosador.

Sí, eres el del viernes.

Necesito contarte algo. Me voy a quedar hasta que me veas. Venga, no me hagas hacer papelones. Voy a seguir tocando el timbre. Venga, ábreme. No me voy a ir. Ya sé que has cortado la luz.

Ok, no voy a hacer papelones.

No es mi estilo...

Eres muy poco empática, así que no vales la pena.

No solo eres el del viernes, sino que eres mucho peor de lo que ella pudo sospechar, pero finalmente pudo ver, cuando a los siete minutos le mandaste un nuevo e-mail empezando a dejar caer tu máscara porque el hilo se comenzaba a cortar y no era un hilo rojo precisamente. Era el hilo de la máscara de tu doble fachada.

Estaba enfadado. Ahora soy yo el que te suelta. Gracias por ayudarme a darme cuenta de lo que realmente eres. Mándale besos a Analía cuando lea esto, porque lo va a leer. Que sigas bien. Eres mi gran decepción.

Contigo el lema es «La culpa siempre fuera». El otro «te hace hacer papelones», el otro «es tu gran decepción», el otro «es el que no es quien realmente es». Reapropiarte de tus proyecciones nunca, dejar de hacer del otro tu basurero emocional, jamás.

Gracias por el saludo enviado, lo recibí cuando leí el mensaje con el que la hostigabas a ella a medianoche, al otro lado de la puerta de su casa. Claro que lo leí, al igual que te leí a ti, y ese fue tu final. El día en que te leí dejaron de sonar tus canciones y empezaron a resonar en ella otras cuestiones.

Tus anteriores mujeres eran malas, locas, traidoras y tú la víctima herida. Siempre hay una más lista para creer, pero el hilo del que pendía tu máscara se cortó.

Tienes toda la razón sobre cómo me comporté ayer, pero yo no soy eso. Me agarró impotencia cuando toqué el timbre para que me escucharas y me volviste la cara. Yo siempre estuve en las malas, pero tú te escondiste y me dejaste tirado. Eso hizo que me pusiera mal. Está bien, no tendría que haber reaccionado así, aunque, bueno, ya estaba ahí...

Hiciste que me confundiera, pero yo no soy ningún violento y nunca lo he sido...

Despreocúpate.

Yo me voy a curar de ti.

Por un nunca más... Chau.

Seguimos con las proyecciones, toda la basura fuera.

Ella te confundió.

Impotencia, te agarró.

Estabas (mágicamente) ahí, en la puerta de su casa.

Tú acosas, pero no eres violento.

Tú no te vas a curar de ella ni de ti.

Tú no te vas a curar.

Tu estructura es inmodificable y sí, eres eso.

Eres eso y mucho más.

«Por un nunca más...» (con puntos suspensivos ya sabemos lo que significa eso en tu idioma).

Es un «nunca más, por ahora».

Ahora empieza la violencia psicológica en el ámbito laboral, las conductas conspirativas, el utilizar todo lo que conoces vulnerable en ella para entrar justo por esas grietas de su personalidad y derrumbarla. Y mientras haces esto por detrás, te muestras como su rescatador mirándola a los ojos. Apareces para salvarla del lugar en el cual tú mismo la pusiste, el lugar de la angustia, la inseguridad y la falta de confianza en sí misma (mientras le dices lo mucho que vale).

¿Con qué vas a comenzar?

Haciendo cosas para que reaccione y después culparla por su reacción, poniendo a todos en su contra para que se alejen y se sienta socialmente aislada, haciéndole cometer errores laborales inducidos para mostrarla como alguien incompetente, destruir su reputación, perturbarla en sus tareas, desmotivarla laboralmente, lograr que se sienta indefensa y desvalida, conseguir que se sienta sola y marginada. ¿Con cuál de estas tácticas?

Lo que es seguro es que el abuso va a ser sutil y encubierto, difícil de desenmascarar y más complicado aún de denunciar. Los acosadores como tú aprovechan esta situación.

Sí, he dicho acosadores como tú.

Te has enfurecido al escucharlo, pero es lo que eres, un acosador, porque lo que le hiciste a ella en la puerta de su casa fue acoso.

Tu misma psicóloga (a la que acudiste para hacerle creer a ella que buscabas cambiar y asistías a sesiones que solo utilizabas para mentir sobre tus conductas) te advirtió de que lo que estabas haciendo y ocultándole era acoso. Sí, claro que lo supo por mí. Le hice saber que si continuabas, el próximo paso era la denuncia, pero ella no estaba al corriente de tus conductas porque le mentías. ¿Te acuerdas del e-mail que le enviaste cuando después de tu acoso en su domicilio te mencionó la posibilidad de una denuncia?

> Si quieres hacer la denuncia hazla, estás en tu derecho, pero no creo que sea necesario llegar a tanto. Tú haz lo que quieras, yo creo que es mucho. Chau y suerte.

Y no llegó a pasar un mes desde tu último «chau» y empezaste de nuevo el juego perverso de la descalificación y la culpabilización. ¿No te acuerdas? Te ayudo con la memoria. Fue justo el día que no llegaron a cambiarle la lámpara en su oficina. Le dijiste: «Como todo contigo, siempre es complicado».

Ella no te responde porque ya no te brinda más suministro, no te permite que te sigas alimentando de sus reacciones.

Como ya no puedes alimentarte de sus emociones, le dices que es cruel. ¿De quién hablarás?

Vas a tener que salir a cazar una nueva presa.

Y de paso, si puedes, tratar de reapropiarte de tus proyecciones.

Recuerda esta palabra.
Solo.
Así es como vas a terminar.
Solo.
Si de alguien tienes que curarte es de ti.

La vida sin ti

Entre las palabras y los actos tiene que existir alguna conexión, una coherencia, algo de congruencia.

Palabras de amor y actos de amor.

Cuando solo hay palabras en un sentido y actos en el sentido opuesto, hay incongruencia.

Y creedme que la verdad está en los actos.

Las palabras mienten.

Tú y él también.

No se imagina la vida sin ti, pero no asume ni el más mínimo riesgo que confirme con actos lo que dice con sus palabras.

Igual no importa porque a ti te encanta creerle, aunque ya confirmaste mil y una veces cómo te miente.

Un ego hambriento es capaz de saciarse como sea, y el tuyo se da panzadas de mentiras y falsas declaraciones de amor.

Hoy te amenaza y mañana se muere sin ti.

Hoy te maltrata y a la semana siguiente llegas inundada de eso que llamas piel, pero que tiene otro nombre.

Son dos para una mentira, porque si somos sinceros tú tampoco lo amas, apenas si tomas de él lo único que te falta en tu matrimonio. Os utilizáis mutuamente y él lo llama amor. Es un mentiroso romántico. Tú no, siempre fuiste más práctica, de gestiones pasionales claras y acciones concretas.

Las noches sin ti son eternas y no sé cómo voy a poder estar sin verte hasta el lunes, piensa en mí, yo estoy cerca. Ojalá me extrañes como yo a ti.

(*Enviar*) Y se vuelve a dormir al lado de su mujer, para desayunar mañana los cinco y llevar por la tarde a sus hijos a las camas elásticas, esas que están en Pilar, muy cerca del barrio privado donde vive su vida familiar, una vida que te cuenta como la de un mártir que elige no liberarse de su martirio por propia voluntad.

Te adelanto el calendario y empezamos a preparar el próximo desgarro emocional cuando te vayas de viaje con tu familia y él con la suya. Él viaja sufriendo y te relata por mensajes su infierno en Orlando y la tristeza infinita sin ti en Las Vegas, mientras tú le respondes consolándolo desde las calles de Málaga mientras almuerzas con tu marido. Y así vivís engañados y engañando, pero sobre todo engañándoos a vosotros mismos.

Él no ama a su esposa ni te ama a ti.

Tú no lo amas a él ni a tu marido.

Tu esposo no te ama porque lleva nueve largos años sin darse cuenta de tu cuerpo ausente y tu mirada que no lo mira.

Su mujer no lo ama porque lleva los mismos años sin hacerse una sola pregunta ni sospechar de ningún movimiento porque, simplemente, no lo ve a él.

Engañados que creen engañar a otros, y a eso lo llaman amor.

Él no solo sabe vivir sin ti, sino que lo sabe hacer muy bien. De hecho, lo hace todos los días y no hace nada para dejar de hacerlo. Basta que perciba un solo riesgo para que pueda vivir sin ti, aunque siempre diciéndote lo contrario.

Tú vives perfectamente sin él y ni pensarías en hacerlo con él.

A los dos os bastan algunos intercambios físicos de vez en cuando y os alimentáis del subidón de adrenalina de veros a escondidas.

Es eso y no más.

Para amar os falta todo.

No tenéis lealtad, no admiráis, no confiáis el uno en el otro, no sois incondicionales, no os apoyáis, no buscáis el bien del otro, no os cuidáis, no hay proyectos, no compartís, no os escucháis y ni siquiera os importa nada del otro más allá de los momentos apasionados, que son tan fugaces como el respeto que os tenéis entre vosotros.

Tampoco sois amantes.

Ser amantes es otra cosa.

Los amantes sienten ganas de algo con el otro y tú ni siquiera eso. Lo tuyo es más primitivo, más animal, sientes ganas y para satisfacerlas eliges hacerlo con él, pero solo poniendo el cuerpo. Las emociones no. El alma, tampoco.

No, vosotros no sois amantes.

Vosotros apenas sois dos para una mentira.

Los dos estáis rotos, con matrimonios rotos y en ruina emocional.

Le tenéis tanto miedo a la soledad que os convertisteis el uno en el *backup* del otro.

Las mentiras repetidas no se vuelven verdades, y menos cuando los actos no son capaces de sostener una sola de las palabras.

Entre tantas mentiras, vosotros perdisteis las verdades y os perdisteis a vosotros mismos. Él te besa con labios de engaño y tú lo abrazas con brazos que no sostienen.

Sois un fuego que se extingue sin terminar nunca de encenderse. No brinda calor, solo ensucia con las cenizas que deja al apagarse.

Ambos tenéis preparadas las estrategias de defensa en caso de ser traicionados por el otro.

Guardáis mensajes, almacenáis fotos íntimas con marcas corporales particulares que puedan identificaros, os amenazáis, os extorsionáis, os mentís, os medís, os estafáis, os encontráis para tener sexo sin amor, os maltratáis, os ofendéis, os dañáis, os besáis, os ocultáis.

No os respetáis.

No os amáis.

Y que te quede claro: *¡vive sin ti!*

La casa en silencio

Cuando necesitas ruido para callar el silencio es porque algo del interior te aturde. Tú siempre buscaste acallar los graves de la voz interior que te decía que no eras feliz con ese hombre y así lo hiciste.

Déjame decirte que se te fue la mano, de verdad, te pasaste. No hacía falta un hijo, además del perro y el gato. A los animales nunca los pudisteis cuidar, los dejabais siempre al cuidado de alguien, y cuando estaban con vosotros los descuidabais hasta que les pasaba algo y os dabais cuenta de que eran seres vivos. No sé qué os hizo pensar que con un hijo sería diferente, pero lo pensasteis y os lanzasteis a la aventura de algo que, por lo menos tú, no estabas preparada para sostener. Porque la llegada de un hijo requiere de eso, de sostén.

A fin de cuentas, él dejó salir su afectividad y tuviste ante tus ojos una evidencia contundente que decía que era capaz de dar amor, de abrazar, de cuidar, de estar pendiente y de dedicar tiempo a alguien. Solo que ese alguien no eras tú, nunca lo habías sido. Y Demian, tu hijo, había venido a mostrarte que era capaz de despertar en ese hombre al que siempre desvalorizaste el amor que nunca sintió por ti.

Aunque sonreías y te mostrabas feliz por eso, tú y yo sabemos que hiciste lo imposible por establecer una alianza con tu hijo, victimizándote para posicionarlo como oponente de su padre y afirmarlo a tu lado como custodio y defensor de ataques que no existían.

Nunca tuviste límites.

No tenía límite tu violencia, ni tus gritos ni tus manipulaciones, ni tu egoísmo.

Pero en la comedia de tu vida el libreto nunca era respetado, te olvidabas de la letra que tú misma habías escrito y, por supuesto, el embarazo no fue ningún límite para tu violencia, como tampoco lo fue tu hijo.

La tríada trágica de tu personalidad está conformada por el egoísmo, la violencia y la manipulación. Sin demasiada destreza, vas tejiendo las escenas con diferentes actores a los que eliges según el beneficio que puedas obtener de cada uno de ellos. En tu torpeza, dejas los dedos marcados y todos sabemos que eres tú la violenta que egoístamente manipula en su beneficio. Todos lo sabemos y también callamos. Algunos callan porque dicen quererte como eres y otros callamos porque aprendimos a no decir todo lo que pensamos, y además tampoco te queremos.

La existencia de un ser humano no puede sostenerse en una inautenticidad constante sin que esto ponga en riesgo su salud mental. La tuya ya ha pasado la línea del riesgo y hay daños evidentes. La incongruencia entre tu sentir, tu decir y tu hacer generan un impacto tal que los profesionales dejan de atenderte.

> Mamá es un infierno, pero cuando necesito algo ella está y siempre me ayuda con dinero. Bueno, dinero es lo único que sabe dar. Cuando se pone pesada hago lo de siempre, le pongo los puntos sobre las íes, se ofende y me deja de tocar las narices por un tiempo. Ya la he echado varias veces de mi casa y no siento culpa, que deje de joder. Al perro se lo dejo a ella en las vacaciones porque viajar con Demian y él es un estrés, y de paso que haga algo, que vive para que la sirvan. Con Javier no puedo contar, él no colabora en nada. Todo lo hago yo.

Ya nadie quiere preguntarte para qué sigues con Javier si no te sientes amada, no colabora en nada y además es mezquino con el dinero, porque todos saben que en el mismo instante en que te lo pregunten vas a decir que no te sientes amada. Sin embargo, tú tampoco eres una mujer a la que le guste sentirse amada. No colabora, pero ya te sirve porque no se va de putas, y será un miserable con el dinero, pero no te falta de nada.

Hay conversaciones que ya nadie quiere tener.

Tu incongruencia las hace imposibles de toda refutación lógica y tu negación las vuelve conversaciones de locos. Entonces nadie te dice nada y te dejamos quejarte hasta que eleves tanto la voz que tú misma consideres meterte en el famoso cuartito de tu mejor amigo para que te baje un poco la oleada de ansiedad.

Demian vino a ser el ruido que necesitabas para acallar tu ruido interior, pero no fue suficiente. Un hijo jamás silencia el ruido de las carencias afectivas de la infancia, ni las frustraciones personales, y menos aún el ruido de una relación de pareja fallida.

Las casas silenciosas no tienen sonidos de compañerismo, ni de alegría, ni de planes compartidos.

Las casas en silencio no tienen risas.

Las casas en silencio no tienen diálogo.

Las casas en silencio denuncian faltas, vacíos, desencuentros.

Las casas en silencio aturden.

El ruido hace eco en las casas vacías de amor.

Pienso en Demian...

Solo espero que no crezca viendo que sus padres son una pareja infeliz como lo fueron la pareja de tus padres y los padres de Javier, porque entonces será un adulto más que sienta que no fue suficiente para que sus padres fueran felices.

Y si eso sucede, pasará unos cuantos años de su vida adulta en el consultorio de algún terapeuta hasta comprender que él no vino al mundo a musicalizar el desamor silencioso que aturdía a sus padres.

La mala madre

Mamá era una mujer que se alimentaba de odios y rencores que la fortalecían. Hubiera jurado que tanta maldad la enfermaría en cuerpo y alma, pero no, ella se hacía fuerte en ser despiadada. Era experta en desvalorizar, juzgar, humillar y criticar ferozmente a todos, aunque jamás a sí misma. Tenía una expresión maravillosa sobre ella: «Mi mayor defecto es ser tan buena», decía, convencida de una superioridad moral que nadie más veía. Ella sentaba cátedra de moral públicamente mientras mentía, juzgaba y degradaba a todo ser vivo sobre la tierra en el ámbito privado. Mi madre era una mujer mala, estaba rota por el rechazo de su madre hacia ella y la contundente preferencia hacia su hermano diez años menor. Nunca estuvo dispuesta a hacer nada con esos mil pedazos en los que se rompió, ni siquiera quería mirarlos, y menos aún hacer algo para volver a reunirlos y repararse de la mejor manera posible. Al menos una reparación que le permitiera tener una mejor calidad de vida emocional y no volver un infierno la vida de todos los que teníamos que padecerla. Entre todas sus partes rotas en mil pedazos, hubo una que no terminó de caer y se le quedó incrustada en el alma. Ese pedazo era el peor, el más afilado, el más cortante, el que más hería cuando la tenías cerca.

Sus palabras eran grotescas, obscenas, hirientes, capaces de avergonzar, humillar, degradar, descalificar y matar. Una mujer embarazada estaba «con el bombo»; si una compañera de trabajo tenía hijos pequeños, estaba «con la cría», y si en la calle veía a una chica abrazada a su novio, «se hacía la gata». Las mujeres eran para ella «putas», «vagas» o «mantenidas», excepto ella, por supuesto, que según su propio criterio debía ser beatificada a su muerte por su santidad en vida.

«Anoche no me llamaste. Sigue con tu vida».

Ese fue el último mensaje que recibí de ella. Después de este murió. No me entiendas mal, murió para mí, la maté dentro de mí. Fue un hasta aquí de ti, de esto, de toda tú, de tus pedazos que lastiman, cortan y me hacen mierda una y otra vez.

Decidí no darle otra oportunidad de lo mismo de siempre porque sabía que eso era lo único que tenía para dar. Daba mierda, golpes bajos, insultos, descalificaciones, veneno en forma de palabras que al decirlas inyectaban sus ojos de un odio feroz.

Mi madre logró que odiara el verano porque de diciembre a febrero no trabajaba, era docente. Durante el año su doble turno era para todos nosotros el paraíso, pero llegaba diciembre y sabíamos que se acercaba el tortuoso día a día con su furia y sus explosiones intermitentes. Yo siempre empezaba terapia en enero, era mi antídoto. En terapia por lo menos encontraba un espacio para denunciar ante alguien el daño que me hacía, un lugar donde poder maldecirla sin consecuencias, un refugio donde poder llorar y, sobre todo, un lugar donde encontraba una palabra autorizada que me confirmaba que lo que mi madre me hacía no estaba bien y me causaba daño. «Tienes que irte», me decían una y otra vez todos los terapeutas. No importa cómo, pero tienes que irte. Yo veía en sus ojos la compasión y eso me ayudaba a confirmar lo que ya sabía: estaba en peligro y me lo estaban avisando claramente. Tenía que irme.

Sé que es fuerte lo que te digo, pero si no lo digo aquí, en mi espacio, ¿dónde?

Hice el trabajo que me propusiste en la última sesión, la carta terapéutica para cerrar este asunto inconcluso con mi madre. Pensé que iba a llorar a mares, pero no, me sorprendió darme cuenta de que la maté y, además, la enterré. Sentí un gran alivio al escribirla, como si cada herida que me había causado sanara. Tal vez escribir es una forma de cauterizar, ¿no?

Piénsalo, quizá lo podrías poner en tu próximo libro.

¿La quieres leer tú o te la leo? Mejor te la leo yo, ¿puede ser?

Mamá, tu paso por mi vida fue para mí una certeza: los padres no se eligen. Yo jamás en mis treinta y ocho años hice una elección tan desacertada. Los padres no se eligen, si así fuera yo jamás te hubiera elegido. De verdad, ni como maestra para aprender, ni como el salto evolutivo para mi próxima reencarnación. Probablemente tú tampoco me hubieras elegido como hija a mí y habría sido absolutamente perfecto, pero no fue. La vida, Dios, el Universo, el Karma, el Destino o algún designio del más allá nos reunió en esto que dieron en llamar «vínculo madre-hija», pero no nos salió. No hay culpables, no hay reproches, diste lo que tenías, que no era mucho ni bueno, y yo te retribuí en concordancia con lo que dabas. En conclusión, la cuenta dio un saldo negativo para las dos. Deja de joderme la vida por lo menos a mí y yo prometo desvinculación eterna sin revinculación posible. La distancia es nuestro mayor acto de amor. Lo siento, no te quise, no te quiero, no lo sentí nunca y no lo siento ahora. No te extraño, no me falta nada de ti. Por el contrario, estando lejos he recuperado mucho de mí. Dejemos las cosas así. Sigue con tu vida y yo con la mía, en caminos paralelos que nunca más vuelvan a cruzarse. Nuestras colisiones tenían siempre víctimas fatales. Sigue tranquila hablándole a la radio, maldiciendo a la vida, odiando a los que se aman, vomitando tu violencia, pero solita y sola. No me jodas más. Asunto cerrado.

PD: Y porfa, no te hagas la víctima guardando el cordón umbilical muerto, ni el mechón del primer corte de pelo que me hiciste al cumplir el año de vida, ni el cirio de mi primera comunión para que lo encienda en un momento de grave enfermedad, porque hiciste de todo para destruir mi salud física, mental y espiritual mientras pudiste. Tíralo todo y déjate de hacer la buena porque ya nadie te mira, no hay más público, te has quedado sola. No jodas más, que todos sabemos muy bien quién eres. Conmigo víctima no. No te lo he comprado nunca, y menos ahora. Termina tu vida como el Quijote, que vivió loco y murió cuerdo. Violencia mata amor, mamá. Lo siento. Tú me enseñaste que se cosecha lo que se siembra. Bueno, pues estás en tiempo de cosecha.

Qué pena que la carta sea para trabajar aquí y no haya que enviarla, sería sanador poder hacérsela llegar.

Ok, no me mires así, ya lo he entendido, es escritura terapéutica y vamos a trabajar esos sentimientos aquí.

Igualmente confieso que fantaseo con que la lea y se reencuentre con la mierda que desparramó tantos años.

Y no me jodas con que no la juzgue. La juzgo y la puteo, y no me importa si es lo único que pudo hacer, porque la verdad pudo poco y no le alcanzó.

¿La silla vacía la hacemos hoy o en el próximo encuentro?

Ya sé, mejor en el próximo, ha sido mucho por hoy...

El autoengaño

Lo peor de mí misma nunca fueron mis verdades sino mis mentiras, esas con las que me ocultaba de todos, pero por encima de todas las cosas de mí misma. Cuando te sientes inaceptable para ti mismo das por seguro que nadie te va a aceptar salvo que te disfraces de lo que no eres. Por eso desde mis treinta años aprendí a vestir distintos disfraces, casi jugando me mostraba vestida de personajes que tenían una distancia abismal con mi persona. Sabía intuitivamente que el mundo necesitaba verme disfrazada para aceptarme y, para ser sincera, yo también necesitaba mis disfraces.

Soy una profesional mediocre que apenas si representó algunas veces un «como si» fuera lo que sé muy bien que no soy, que no sé, que no hago y que no ejerzo. El disfraz no es complicado, un casco amarillo que ni siquiera tuve que comprar con mi dinero, unos vaqueros viejos, una camiseta y unos zapatos con puntera reforzada para evitar riesgos que nunca corrí en obras que nunca hice.

También tuve un disfraz que usé durante algunos años. Era un tanto difícil de sostener, pero lo hice bastante bien: disfrazada de emprendedora, lograba aparentar que le había encontrado una vuelta de tuerca a una carrera que aún hoy no sé por qué decidí estudiar. De lo que estoy segura es que vocación no era, no es y no será. El emprendimiento me duró poco y nunca llegué a producir más que un par de objetos copiados de otros, hasta que finalmente desistí y, sin pensarlo dos veces, redirigí mi rumbo hacia mi familia para convertirme en esposa y madre, algo que socialmente era un disfraz que me volvía no solo aceptable sino de alguna forma respetable. El problema surgió cuando tuve que ponerme no solo el disfraz, sino que fue indispensable actuar como el personaje; ahí sentí que de verdad me había perdido a mí misma. No me gustaba mi vida, ni antes ni ahora, y se me estaban acabando las cartas. Profesional no, emprendedora no, esposa no, madre no. Fue cuando decidí que era el momento de buscar ayuda, terapéutica, claro.

Precisamente ahí es cuando las cosas se pusieron peor, porque a las sesiones no asistía yo sino mis personajes. Sí, así de absurdo, asistía semanalmente a terapia para contar mentiras sobre mí misma y sobre mi vida, pero afirmando con absoluta convicción que yo era transparente, cristalina, frontal y sincera. Y cuando salía de la sesión, el personaje de ese día me abandonaba a las dos calles y volvía a hundirme en el infierno de mis verdades ocultas, que no me atrevía a contarme ni siquiera a mí misma.

Mentía en terapia, me mentía a mí, mentía a mis amigas, ocultaba, me autoengañaba.

Mi terapeuta me mostraba mis contradicciones, mis autoengaños y mi falta de autenticidad con una empatía que me hacía odiarla profundamente, aunque también la admiraba, no solo porque no podía engañarla a pesar de mis reiterados intentos sino porque ella representaba todo lo que yo hubiera anhelado ser, pese a que nunca estuve dispuesta a hacer el esfuerzo para lograrlo. A ella parecía no costarle nada, todo lo hacía de forma natural y le iba bien, y mis sentimientos ambivalentes de amor-odio me llevaban a manipulaciones asquerosas que ella desarticulaba al instante. Ahí también me autoengañaba, decía a todos que mi terapeuta era lo más, pero en mi interior la detestaba y creo que ella lo sabía, así como sabía que yo no tenía amistades verdaderas ni tenía un matrimonio feliz. Ella lo sabía todo, aunque yo le mentía. Esa era mi venganza. Le mentía y ella no podía decírmelo abiertamente, solo podía mostrarme lo que yo me resistía a ver y así trataba de frustrarla. Durante años hice terapia como una forma de autoengaño, para creerme que estaba haciendo algo para cambiar, sin cambiar nunca nada.

Me conozco tanto que ahora utilizo mejor los disfraces con el único objetivo de siempre, parecer lo que no soy, aunque sigo sin aceptarme ni quererme a mí misma.

No sé si autoengañarse está tan mal, a mí me funciona.

Cerca de la cima

El mi (sostenido) es un enarmónico de fa y se utiliza con poca frecuencia, pero en ciertos contextos es correcto utilizar esa nota. Reynaldo, sin embargo, y a pesar de ser músico de conservatorio, no manejaba con claridad ese concepto. Todo él era un agobiante mi sostenido.

Sus oraciones comenzaban siempre con un yo, me, mi, a mí...

Músico de larga trayectoria, aunque de breve éxito, apenas si pudo saborear la ilusión de las mieles de una fama que se alejaba de él a la misma velocidad con la que la buscaba, la forzaba, la exigía, la demandaba. En su juventud pareció tener un futuro prometedor en su ciudad natal, y entonces Buenos Aires se le presentó como un horizonte claro donde soñaba concretar sus anhelos de fama y reconocimiento. Lo primero que decidió cambiar fue su nombre y la decisión resultó atinada, probablemente una de las únicas que tomó en su vida artística. Con nuevo nombre, inició su camino en la música y se dispuso a llegar a la cima con más prepotencia que talento y sus inevitables consecuencias.

Todas las puertas que se le abrían lograba cerrarlas de un modo tan eficaz que nunca más volvían a abrirse y lo dejaban fuera de toda posibilidad, aun habiendo tenido la oportunidad. Era un verdadero maestro en el arte de gestionar fracasos recurrentes y mostrarse ante todos como una víctima de circunstancias totalmente ajenas a él. La victimización como estrategia habría funcionado si hubiera sido esporádica, pero el error estaba en la recurrencia. Ya nadie podía creer sin algo de sospecha que sistemáticamente las puertas de todos los que le daban una oportunidad se le cerraran. Sin embargo, su actitud de víctima de la fatalidad existencial suscitaba cierta compasión y siempre había un nuevo incauto que le ofrecía algo a prueba, y tal como aparecía la oferta nunca era renovada. Algo sucedía con Reynaldo que excedía por mucho la simple mala suerte o una fama huidiza que se resistía a que la conquistara.

El verdadero problema de Reynaldo era Reynaldo.

No era su música ni su repertorio, ni siquiera su escasa creatividad y nula capacidad de emprender nuevos caminos y reinventarse. Era mucho más grave. Reynaldo era su propia limitación para alcanzar lo que anhelaba.

Reynaldo suplicaba oportunidades con actitud soberbia y agigantaba sus actuaciones convirtiéndolas en hazañas que eran desmentidas por la evidencia fotográfica.

Reynaldo no conocía la humildad ni tenía capacidad para pedir una disculpa cuando se equivocaba. Reynaldo fingía demencia y reaparecía como si nada hubiera ocurrido jamás. Reynaldo era detestable por sus abusos narcisistas.

Despertaba cierta compasión por su absurda autopercepción de grandiosidad y también indignación ante su ingratitud y sus conductas abusivas.

Reynaldo era desmesurado en sus pretensiones, imperativo en sus modos y prepotente en sus exigencias.

Reynaldo era un insostenible «mi sostenido».

Se sintió cerca de la cima del éxito cuando solo había estado sentado sobre la cima de su propio ego, desde el cual se había despeñado en un atentado brutal contra sí mismo.

No sería la última vez.

Lo haría muchas veces más.

«Desde el Atlántico hasta el Mediterráneo, aquí estamos...» (fracasando como siempre, pero eso jamás lo mostraría). En definitiva, para sostener el «mi» se trataba de aparentar, no de ser. Para no extinguirse, todo parásito necesita a quién parasitar y Reynaldo lo tenía, asegurado además por una alianza matrimonial.

La esposa del psicoanalista

Sexagenaria como era, cargaba sobre sí con seis décadas de frustraciones personales, entre las cuales se acumulaban las profesionales y en mayor medida las afectivas.

Ella no era sino por persona interpuesta, su esposo, el psicoanalista.

Silenciada en toda expresión de su ser por la soberbia castrante de su esposo y reducida en sus libertades individuales por los estrictos controles a los cuales la sometía, fue perdiendo toda autonomía hasta manifestar evidentes desadaptaciones en su conducta y desbordes emocionales cargados de violencia verbal.

Su esposo, el psicoanalista, había incurrido en una moralmente punible mala praxis afectiva, haciendo de aquella mujer un espejismo sombrío del ser persona.

En aquella casa que deshabitaban, solo se oía el profundo silencio de quienes nada tienen para decirse y aturdía el estruendo descalificador de la presencia del psicoanalista. Obscenos desencuentros eran sus únicos encuentros y agónica la cotidianeidad no compartida.

Un anciano de aspecto desprolijo y desaseado era todo lo que se veía de aquel hombre que se mostraba hosco y precariamente socializado. Se hacía difícil imaginar que se tratara de un profesional de la salud mental, de la cual con siniestras artes había privado a su inestable esposa.

Descalificarla era su violenta praxis de género preferida desde el principio de los tiempos matrimoniales, durante los cuales la fue convenciendo de sus escasas dotes intelectuales y reduciéndola a la sombra espectral de un yo roto.

Ella, que no podía ser, intentaba parecer y tropezaba torpemente con ambivalencias incongruentes desde el antifaz social detrás del cual se enmascaraba para existir.

Su hija adolescente adolecía de lo esperable pero también de lo no deseable, entre lo que se encontraba el respeto por su madre, y colaboraba para conformar el fatídico escenario de la subsistencia emocional de su madre, la esposa del psicoanalista.

Su heredera la condenaba al silencio y su cónyuge, al desprecio. Conservarse ajustada a la realidad de su existencia implicaba una psicosis mayor que romper con ella y, siendo insuficientes las respuestas que conformaban su neurosis de antaño, supo alojarse por fuera de una realidad enloquecedora que, aunque la sujetaba a una sospechosa normalidad, también la sepultaba en la más profunda falta de realización personal.

Los logros ajenos atizaban el fuego de su resentimiento y la llevaban a augurar a otros el mal, no pudiendo ella misma aspirar a ningún bien.

Insidiosa, inoculaba el veneno de su ser en ruinas cada vez que tomaba consciencia de su imposibilidad de amor y valoración.

La furia excedía su control de impulsos y aniquilar o aniquilarse eran alternativas que intentaba regular con un yo lábil que sucumbía dilemático a las pendulares oscilaciones de un psiquismo desorganizado.

Aquella tarde llegó justo a tiempo a su sesión de las siete y quedó resonando el sonido seco del percutor entre la paciente y la mirada atónita del analista. Sin dudar un instante, disparó certera.

Nada quedaba ya por interpretar.

En un escenario atroz de final de análisis, la esposa se había suicidado, en un intento por acabar con su abusador narcisista. Su esposo, el psicoanalista.

La madre mártir

Resulte grato o no decirlo, las secuelas emocionales que las madres mártires dejan en sus hijos supuestamente amados son una realidad cotidiana.

Cuando digo peligrosa me refiero al modo en que estas vivencias han sido tragadas por los hijos, pero no han sido digeridas, y así vuelven una y otra vez a sus relatos, haciéndolos sentir culpables muchas veces de la serenidad espiritual y emocional que vivencian al permanecer algunos días alejados del contacto con sus madres que tanto han hecho por ellos.

La madre mártir es aquella que no deja de recordarle a su hijo con todo lujo de detalles la abnegación con que ha ejercido su rol materno, padeciendo todo tipo de privaciones, incomodidades y sacrificios solo por amor a él.

Y en este derrotero de recuerdos que anidan en los hijos, producto de las detalladas narraciones de sus abnegadas madres, abundan los comentarios como estos:

«Yo comía solo una vez al día, pero a ti nunca te faltó ni un solo útil de los que te pedían en el colegio».

«En ese verano que yo estaba con una fractura en la pierna y tú te aburrías, con la pierna inmovilizada y con el calor del enero austral, igual te llevaba a la plaza para que te pudieras divertir».

«Hubo una época en que estábamos muy mal de dinero y a ti te daba por pedir helado; entonces yo no me compraba ni zapatos, pero tú tenías tu helado».

«Todos tus compañeritos festejaban sus cumpleaños y nosotros no podíamos, pero yo no iba a la peluquería en todo el año y ese dinero lo guardaba en una cajita para que tuvieras tu fiesta de cumpleaños como todos».

«Durante años no renové mi ropa interior, pero tú tuviste tu vestido de los quince años».

Podría citar infinidad de estas frases que duermen en el recuerdo de estos hijos que hoy consultan a veces por relaciones de pareja disfuncionales o por dificultad para establecer límites o por maltrato psicológico, y que asocian la idea de amor con la capacidad de sacrificarse por el otro, reflejo de aquel amor mártir que sus madres les supieron legar. El amor incondicional y auténticamente sentido no da a conocer los sacrificios que hace, simplemente hace lo que siente hacer y goza plenamente de hacerlo porque es lo que nace de su interior. Una madre mártir siempre tiene un para qué, para algo relata a sus hijos estas historias de esfuerzo denodado en pos del amor maternal, para algo detalla los sacrificios, privaciones y esfuerzos que ha hecho por ese hijo, para algo necesita hacérselo saber. Y esos para qué van desde creer que será más amada cuanto más sepan sus hijos que se ha sacrificado, hasta esperar una vuelta retributiva de esos esfuerzos que ella eligió realizar, como si de un débito se tratase. Estos hijos de madres mártires martirizados emocionalmente durante gran parte de sus vidas suelen tener poca capacidad de disfrutar, algo esperable ya que resulta bastante improbable que alguien pueda disfrutar unas merecidas vacaciones cuando ha sido la causa del hambre de su madre o de su falta de calzado o de sus inclementes veranos.

Lejos está este rol maternal martirizado del amor incondicional que brinda de sí aquello que siente (sin condiciones y sin condicionar) y aún más lejano del amor saludable hacia un hijo a quien se le brinda todo sin esperar nada a cambio, más que su felicidad. Esos amores mártires que ponen en escena el sacrificio realizado por el otro para que este lo recuerde y lo cargue de por vida, lejos de ser amores incondicionales, son amores con condiciones, pagaderos en incómodas cuotas de infelicidad y culpa filial.

Así era la madre que le había tocado a Flor, una madre mártir que la martirizaba, haciéndole saber los pormenores detallados de manera minuciosa de su miserable vida durante todo el proceso de su maternidad.

Flor se angustiaba en cada sesión en la que hablaba de su madre, que eran casi todas en algún momento. Le dolía en el cuerpo el dolor emocional que su madre le contaba haber padecido a causa de la soledad de su maternidad, con una vida matrimonial donde las infidelidades, abusos y maltratos habían sido parte de su infierno cotidiano. Flor no encontraba manera de compensarle tanto sufrimiento y trataba de hacerlo de todas las formas posibles, con presencia, con disponibilidad para lo que su madre necesitara, con dinero, con regalos, con viajes, con salidas, con su tiempo y con su propia vida. Flor veneraba a su madre como a una verdadera mártir. Esa mujer lo había dado todo por ella y le había dado la vida. Flor se resistía a ver que ahora su madre estaba buscando recuperar la inversión tomando todo su tiempo libre, todo su dinero ganado con su trabajo y esfuerzo, todos sus bienes y toda su culpa. Ni siquiera era posible acercarla a ver más allá de lo que quería ver sobre su madre. Flor ahorraba para llevarla a conocer lugares del mundo que siempre le había escuchado decir que quería ver antes de morir. Cada cosa que ella se compraba y a su madre le gustaba, Flor se la daba y su madre mártir cada vez tiraba un poco más del hilo de la culpa de su hija esclava. Citas médicas, medicamentos, meriendas, ropa, perfumes, calzado, abrigo, todo lo que fuera necesario por y para mamá.

Sin embargo, para Magda, que así se llamaba la mujer, nada era suficiente, el agujero infinito de sus carencias afectivas era imposible de llenar. Y aunque Flor cada vez daba más, Magda sentía que recibía menos de lo que merecía. El juego de la dinámica vincular comenzó a desajustarse y la hija no encontraba amor ni gratitud en su madre, mientras que Magda no sentía recibir lo que merecía de Flor. Algo había empezado a desestabilizarse en el vínculo madre-hija y cada vez se volvía más insatisfactorio para ambas.

Una tarde, Flor llegó a su sesión desencajada, ofuscada, visiblemente molesta, perturbada, triste y expresó sentirse decepcionada, harta, agotada y con una necesidad desesperada de tomar distancia de Magda. Decía no poder respirar y sus lágrimas rodaban por su rostro pálido sin que hiciera un solo movimiento para contenerlas o secarlas aun cuando los pañuelos de papel estaban justo frente a ella. Parecía necesitar ver caer sus propias lágrimas, sentir la humedad sobre sus piernas cuando mojaban su pantalón dejando huellas visibles, olerlas, sentir su sabor salado al rozar sus labios. Necesitaba drenar la angustia, el dolor emocional, la tristeza, la decepción, el enojo, la bronca acumulada por cuarenta y siete años de manipulación emocional. De pronto, y con un hilo de voz apenas audible, dijo de una sola vez: «La odio», y su voz quedó resonando en el consultorio como un eco distante que se desvanecía en el espacio, pero se afirmaba en su interior como nunca antes.

Con sentencia de muerte

Como es habitual en casos de relaciones violentas, había suficientes antecedentes como para presumir la muerte como desenlace final. Celos, control, amenazas físicas y verbales desencadenadas cuando la víctima decide poner fin a una relación de maltrato. Denuncias penales que se negaba a realizar porque se tramitaban eternamente sin resolución alguna y sin brindar protección a la víctima. Hostigamiento, miedo, violencia, maltrato.

Después de que Naiara hubiera puesto fin a la relación con su novio comenzaron las amenazas, los actos de violencia física y verbal y las denuncias penales. Estando ya él en una nueva relación de pareja con otra mujer, contactó nuevamente con Naiara y le propuso un encuentro para cerrar en buenos términos esa relación violenta. Ella cometió la ingenuidad de asistir a ese encuentro con la esperanza de recuperar la paz y que cesaran las amenazas, puesto que él tenía una nueva relación con alguien a quien decía amar.

Error fatal romper el contacto cero con el violento. Error fatal creer en un psicópata. Error fatal aceptar un encuentro final.

Ese día en que salió para encontrarse con él fue el último que la vieron con vida.

Naiara, de veintisiete años, murió ejecutada a manos de su feminicida, que se cobró su vida abusando de su ingenuidad.

Ella minimizaba, justificaba, se resistía a escuchar advertencias, sin querer aceptar que no existe violencia alguna que sea justificada, que maltrato es el golpe, la desvalorización, el insulto, el abandono emocional, el engaño, la infidelidad, la mentira, la amenaza, la limitación de las libertades personales y los celos posesivos.

Que el maltrato no tiene una graduación que sea garantía de que no pasará al siguiente nivel en algún momento.

Que si hoy se muestra celoso, te descalifica y te amenaza, mañana puede matarte.

Que si te es infiel, te miente y te responsabiliza de sus engaños, te está maltratando.

Que si te maltrata no es amor.

Que si bien es cierto que cada quien ama a su manera, la violencia nunca es una manera de amar.

Que cuando te maltratan, te violentan en tu integridad física y emocional y no te respetan como persona, la única opción posible es terminar esa relación sin insistir ni arriesgar tu vida con nuevas oportunidades que solo serán una oportunidad para un nuevo ataque.

Después de un solo acto de maltrato o violencia verbal o física, es imperativo tomar distancia de esa persona y no volver a restablecer contacto alguno.

No volver a creer en sus cambios ni en sus palabras. No volver a acceder a un encuentro porque podría ser el último de tu vida.

El contacto cero con su exnovio violento no era para ella una opción aceptable. El bloqueo en redes sociales y en su móvil tampoco, como tampoco lo era no acceder a ningún tipo de contacto con él (aunque la manipulara amenazando con quitarse la vida).

Ella confiaba en poder manejar la situación sola.

Ella confiaba en él.

Nunca terminó de creer a su familia, a sus amigos ni a su terapeuta, que le decía que sobre su vida planeaba una sentencia de muerte.

Banderas rojas

Todos en mayor o menor medida desplegamos nuestras habilidades o inhabilidades sociales en las interacciones con los otros, y es ahí donde, sin darnos cuenta, muchas veces jugamos juegos que generan consecuencias que duelen, pero que sin embargo se perpetúan en nuestros vínculos con nuestro consentimiento silencioso al continuar jugándolos con las mismas reglas.

Si me dispongo a hacerte favores, aunque cuando es a ti a quien le toca hacerlos nunca puedes y, a pesar de saberlo, acepto las reglas y sigo haciendo yo por ti y tú no por mí, estoy jugando un juego del cual soy responsable.

Si quien llama para saber cómo estás siempre soy yo y tú solo esperas mi llamada, pero nunca eres quien llama y sigo llamándote, soy responsable de que sigamos jugando el juego del llamador no llamado.

Si nunca te comunicas conmigo salvo cuando necesitas algo, pero a pesar de saberlo cada vez que necesitas algo y te comunicas yo sigo estando ahí, soy responsable de jugar el juego del necesito ser necesitado para sentirme amado.

No hay juegos buenos ni malos, solo juegos de los que como adultos somos responsables.

Juegos libres de culpas, cargos, reproches, quejas y lamentaciones.

Juegos que jugamos sin querer jugar, pero no nos atrevemos a cambiar.

Ella tenía la increíble destreza de romantizarlo todo, incluso los abusos emocionales más evidentes y brutales, sin visualizar ni una sola vez las banderas rojas que avisaban del peligro. O peor aún, en algunas ocasiones le parecía verlas, pero decidía pasarlas por alto y terminaba llorando en su cama con la cabeza tapada por el edredón de plumas, que estaba tan desplumado ya como su alma de tanto cubrirla cuando quería morirse y se escondía del mundo hundida entre almohadones y mantas como las princesas de los cuentos.

Gaby era empecinadamente crédula, absurdamente ingenua y desesperadamente insegura, con una dependencia afectiva que la hacía aferrarse al depredador de turno en la selva de mierda de sus relaciones amorosas.

¿Quizá esta vez todo saldrá bien y voy a poder ser feliz? No, Gaby, no. Esta vez volverá a salir mal porque de nuevo te has pasado por alto las banderas rojas, decidiste cerrar los ojos y creerte las mentiras más increíbles sin una sola duda, sin una pregunta, sin una sola sospecha, así como si nada.

Qué empecinamiento tienes en coleccionar hijos de puta en todas sus versiones y darles la oportunidad de joderte la vida en cuotas que se te llevan los mejores años.

¿De verdad creíste que después de un divorcio y dos hijos donde había tenido que dividir todo lo que había logrado por la mitad y ya con cincuenta años, a dos meses de conocerte te iba a construir la casa de tus sueños y además la iba a escriturar a tu nombre? No, Gaby, dime que no. Dime que sabías que era todo mentira, pero que era divertido ir a la obra y ver cómo avanzaba la edificación, que te ilusionaba elegir la cerámica, las griferías y las puertas, que lo acompañabas a elegir los muebles de cocina sabiendo que nunca serían tuyos, porque te gustaba jugar el juego. Dime que no le creíste, Gaby.

Por favor, tienes cuarenta años, Gaby...

Por supuesto que no lo puedes creer, nunca deberías haberle creído. Te mintió cuando se fue a un supuesto congreso que terminó siendo un viaje a Londres con otra ingenua como tú con la que salía mientras tú te ocupabas de la obra. Te engañó los fines de semana en los que decía estar al cuidado de sus hijos, pero lo vieron en el paseo corriendo con ella y te mostraron las grabaciones hechas con el móvil de tu amiga. Aunque, claro, tú ahora mismo no te lo puedes creer.

Tú no puedes creer que ahora, cuando la bendita casa de tus sueños está construida y llegó el momento de escriturar, te diga que no eres la mujer con la que quiere estar y que la oferta de trabajo que te hizo para ser su secretaria queda desestimada. No puedes creer que te diga que se acabó. Así sin más.

Las banderas rojas, Gaby, las putas banderas rojas que decidiste no ver, aunque te las iluminé con neón una por una...

Hubo mil banderas rojas que desestimaste una a una y te sumergiste mar adentro en un proyecto de pareja a dos meses de conocerlo. Y el mar estaba peligroso, Gaby, te lo mostré, te golpearon las olas hasta revolcarte sin saber dónde ibas a terminar y encontrarte hecha un ovillo llena de conchilla y arena en una playa sucia, y aun así te quedaron ganas y fuerzas para otra zambullida.

Gaby, la ingenuidad mata, duele, enferma. Para evitar eso están las banderas rojas, para avisarte de que el cirujano es médico y también un perverso narcisista que te iba a descartar en cuanto no fueras útil a sus fines.

Y me miras con tus ojitos de cielo, y un mechón rubio con ondas se suelta cayendo sobre tu rostro pálido y se queda pegado en una de tus millones de lágrimas mientras me dices balbuceando: «La psiquiatra me ha dicho Venlafaxina 50 mg, durante unos seis meses. ¿Puede ser?».

Sí, Gaby, claro que puede ser cuando pasas por alto todas las banderas rojas durante más de una década y te quedas con el alma desgarrada y una angustia que no te deja respirar.

Las banderas rojas, Gaby, las putas banderas rojas...

Quiciera (sin s)

Nunca creíste que podría transformar tu vida en un oscuro túnel de miedos, incertidumbres y silencios, como tampoco pensaste ni por un instante que haría de tu soñado paraíso tu cárcel, tu infierno, tu laberinto callado y sufriente. Sin embargo, tienes que aceptar que nunca actué a tus espaldas ni a traición, por el contrario, en cada oportunidad me tomé el cuidadoso trabajo de darte señales, algunas explícitas y por qué no decir que otras no tanto.

Sé que las percibías, pero preferías dejarlas pasar, justificarlas como nimiedades que no representaban peligro alguno. ¿Quién llamaría violencia psicológica a una humillación?

¿Acaso no serías una loca si me acusabas ante nuestros hijos de aventuras sexuales que no podías probar?

Empapelé tus días de indicios e insinuaciones, pero no quisiste creerme, negabas que fuera yo, que estuviera allí habitando con vosotros en esa casa.

Ingenuamente insistías en creer que no podía ser yo aquel a quien tanto conocías y habías elegido como compañero, no era posible para ti. Elegías desconocerme y atribuir mis señales inequívocas a mi mal genio, a mi temperamento y a una infancia difícil.

El día que la señal de mi violencia en tu vida fue innegable, te ocupaste de ocultarlo ante todos, cubriendo mis huellas. Y aun sabiendo que todos lo sabían lo seguiste negando, como un Judas que se niega a sí mismo.

No querías aceptar el final y fue aquella tarde cuando decidiste dejarme, cuando dejaste ver lo que te negabas a denunciar.

Si no fuera tan precaria su alfabetización como para escribir un prepotente y tosco *quiciera* (sin s), estas palabras bien las podría haber escrito el señor Costa.

Costa pertenecía a la categoría denominada **modalidad infrecuente de ser humano**. Los rasgos que mejor lo definían eran su descomunal amoralidad, carencia de empatía, maldad y adicción al poder, persiguiendo siempre algún fin que justificara sus medios. No amaba a nadie, ni a sí mismo ni a sus hijos, y solo se ocupaba de ejercer sobre ellos todo el poder que podía, que se centraba en un solo sentido: el poder económico.

Sus conductas prepotentes y sus expresiones amenazantes perdían toda entidad y quedaban diluidas en lo tragicómico de un *quiciera* (sin s), que lo volvía la burla de todos.

Un psicópata rústico, rudimentario, pulido a fuerza de haber elegido muy bien a quien fue la madre de sus hijos y penosamente su esposa. Ella blanqueaba su imagen ante el mundo, lo hacía parecer el señor Costa sin que tuviera nada para serlo, ante una comunidad que tendía a creer que honorabilidad y membresía eran sinónimos.

Cuando Costa pasó a un nuevo estado civil como divorciado, quedó también descastado y los mismos que antes lo trataban con aparente respeto hoy parecían no conocerlo.

Costa nunca había sido lo que creía ser. La grandiosidad de su yo hipertrofiado le hizo decirle a su futura exesposa que no podría sin él, y ella de alguna manera lo creía. Le llevó años de dolor, sufrimiento y trabajo terapéutico adquirir el coraje de terminar su matrimonio con un perverso y así, con sus cuarenta y cinco kilos, desvitalizada y sin fuerzas pare repeler una sola embestida verbal más, finalmente dejarlo.

Lo que vino después era lo esperable, ruido de abogados y los daños colaterales para los hijos manipulados de formas extorsivas por el psicópata, quien solo anhelaba ver cómo ella no podía sin él.

Dos años de una fortaleza psíquica y espiritual descomunal llevaron a esa mujer de aspecto frágil y espíritu de acero a poder con todo y sin Costa.

La vi caer, llorar, sufrir y poder.

Pudo sin él.

Ya *quicieras*, Costa, que no hubiera podido. Y *quicieras* (sin s).

Esta vez no te salió.

Fallaste.

Blanco equivocado.

Con ella no pudiste, aunque *quiciste* y *quicieras* (siempre sin s). Con ella no.

El psindicato

Había sido una canallada, ni más ni menos que eso.
Una canallada propia de un canalla.
No era nada personal, apenas una jugada sucia carente de astucia sin estrategia y despojada de toda táctica.
Una jugarreta propia de un canalla amateur, novato, inexperto. Así era el psicosindicalista, *runner* y autodenominado **empecinado creador de redes**, que en su tiempo libre jugaba a ejercer el poder como administrador de un grupo de psicólogos desesperados por obtener más pacientes. En ese grupo se sentía poderoso, ejercía una suerte de psicosindicalismo que aseguraba a sus colegas la protección de sus derechos y le aseguraba a él una jubilación más que digna si lograba su cometido de crear **el psindicato**.
Era un hombrecillo diminuto de más de sesenta años que había logrado formar una familia que luego se había ocupado de desarmar en los peores términos. Su exesposa lo nombraba como **esa persona** y se ocupaba de aclarar que desde su divorcio nada tenía que ver con él ni con sus acciones (sindicales, profesionales ni morales). Su cuerpo no dejaba dudas sobre su debilitamiento muscular y su espalda encorvada mostraba el implacable paso de los años.
El psicosindicalista había querido en su juventud ser un revolucionario, alcanzar prestigio, reconocimiento, fama y gloria. No lo había conseguido y el hilo que quedaba en el carrete se agotaba cada día ante sus ojos. Algunos pocos artículos mal escritos circulaban en

redes bajo su autoría y no había en su trayectoria profesional ni un solo posgrado posterior a 1989, cuando acabó la universidad. Ni un solo posgrado más en treinta y nueve años. Solo psicoanalista y psicosindicalista, con más frustraciones que logros a una edad donde el saldo le daba negativo.

Ante la falta de posibilidades de obtener nuevas metas, cargado de resentimientos y frustraciones profesionales y personales, con una vida solitaria y una austeridad espartana, se dedicaba por simple placer a causar daño a todos aquellos que lograban lo que él no había podido: reconocimiento y popularidad.

Con más bríos que inteligencia, no lograba siquiera causar grandes daños, apenas algún que otro rasguño en el ego, no mucho más.

En una fatídica mañana, de esas en las que se levantaba de su cama de madera y arrastraba su cuerpo en zapatillas hasta la mesa frente al televisor que tenía en el precario salón del apartamento de divorciado recientemente alquilado en una de las peores zonas de la ciudad, encendió el aparato y fue espectador de lo que no quería ver. Alguien que no era él, en un programa de televisión abierta, hablando de temáticas de psicología. Alguien que no era él y además no era psicoanalista.

Aquella mañana sus frenos inhibitorios fallaron y el control de impulsos fracasó. Pasó a la acción de dañar tomado por la ira propia de la frustración. Tomó una foto de la pantalla del viejo televisor que le había tocado en la división de bienes y males, luego se aferró a su móvil, entró en el grupo que administraba y, tras postear la imagen tomada, ametralló con injurias y calumnias al profesional invitado, vomitando digitalmente cuarenta años de frustración profesional y el odio de su reciente fracaso personal.

Una mala racha la tiene cualquiera, y la suya había comenzado en el mismo instante en el que decidió embestir contra la persona equivocada.

La canallada no habría llegado a mayores si no hubiera sido por aquella inigualable imbecilidad moral que le impedía distinguir el bien del mal.

Su conducta no resistía análisis.

La envidia narcisista en acción.

Cada día trabajaba a destajo para su propia destrucción, creyendo que destruía a otros, y si alguien se atrevía a insinuarle esta cuestión, lo callaba para siempre.

Se sentía impune y debo confesar que de algún modo lo era. No por tráfico de influencias; tampoco se trataba de poder, menos aún de recursos económicos. Era un canalla de esos que saben escabullirse, huir, camuflarse, conseguir adeptos, hacer creer que es capaz de inmolarse. Un canalla mesiánico, pero no de pura sangre, un híbrido apenas.

Falto de coraje para ser bravío y carente de humildad para ser compasivo. Ni maquiavélico ni estoico, apenas incauto, soberbio, decadente.

Esa canallada fue la patada inicial de una serie de pases desacertados que acabaron en jugadas fallidas y la temida contraofensiva.

Porque de una canallada a ser un canalla hay un abismo. Una canallada puede protagonizarla un imbécil moral, pero un canalla es otra cosa.

Un verdadero canalla es estratega, se inmola de ser necesario, actúa con fiereza y valentía. Un canalla de estirpe es como mínimo astuto.

El aprendiz de canalla apenas es rastrero, vil y, en el mejor de los casos, hábil.

En este caso, la canallada superó a su autor.

Su propio acto generó su destrucción.

Tentativa de canallada, diría el legislador.

Absuelto por su exquisita ignorancia, diría algún juez.

Un exceso en la ilegítima defensa de su frustración profesional.

Arréglate solita

Las personas que nos mutilan la buena fe y nos despojan de la confianza también nos van haciendo morir poco a poco. Con cada darnos cuenta de una traición, de una deslealtad, de una mala intención manifiesta vamos muriendo en nuestra ingenuidad, en esa buena fe que nos hacía mirar la vida de una forma que nunca vuelve a ser la misma. Cuando nos conocimos en mi antiguo consultorio ubicado frente al Seminario de Buenos Aires, ella era una mujer joven y dulce, apasionada por su trabajo y enamorada. Así era como se sentía, enamorada.

No fue mucho el tiempo que transcurrió hasta darme cuenta de que estaba inmersa en una relación de pareja intermitente, tóxica y tormentosa con un hombre separado de una «loca» a la que se había encargado de desestabilizar y con dos hijos que no querían tener un vínculo cercano con él y lo frecuentaban apenas y forzadamente. Por supuesto, en su relato eran víctimas de «la loca» de la madre, que los había puesto en su contra. Cuando su enamoramiento de él comenzaba a declinar a base de más sufrimientos que alegrías, él se encargaba de hacer una aparición triunfal que lograba hacerle olvidar todo el dolor y le cubría una herida emocional y moral de proporciones devastadoras apenas con una tirita usada que ni siquiera se adhería muy bien, y a ella ese mendrugo de cuidado le bastaba para ser feliz un rato, unas horas, tal vez y con mucha suerte unos días. Al poco tiempo le causaba otra herida letal, de esas que son el límite de tus posibilidades, y la llevaba a rendirse, hasta que el mismo verdugo que la había ultrajado emocionalmente se convertía en su rescatador y la sacaba del infierno en el que la había sumergido hacía apenas un momento. Era la cadencia trágica de una melodía destructiva que la derrumbaba, pero ella elegía no dejar de escuchar una y otra vez, mientras aprendía a danzar con el dolor del espanto repetido.

Un día en que tenía sesión me avisó de que cancelaba y no reprogramó ese encuentro. De hecho, nunca más respondió mis mensajes ni llamadas. Entendí que en su no respuesta me estaba respondiendo. Me estaba diciendo hasta aquí, no quiero darme cuenta de nada, no puedo, no quiero, ahora no, fin. Y respeté su silencio y su ausencia. Ella había decidido iniciar su trabajo personal y había decidido hasta dónde y hasta cuándo. Pasaron meses sin saber nada de ella, un otoño, un invierno, y regresó una tarde de primavera con un mensaje casual para pedir hora. Acordamos vernos la semana siguiente y la recibí en su primera sesión de esta segunda etapa. Se la veía triste, apagada, como si le hubieran robado el brillo. Siempre amorosa, su voz suave, su mirada cálida, su hablar pausado, su triste dulzura en carne viva. Así se dejó caer sobre el sillón y suspiró.

—¿Cómo va? —me dijo con una mueca de sonrisa.

—Yo muy bien. ¿Y tú? —respondí con el corazón estrujado porque veía con claridad cómo estaba.

—Yo aquí, como puedo —dijo mientras hacía con su hombro un movimiento de estar vencida.

Ella estaba como siempre pero un poco peor. Paralizada, sangrando por dentro y dudando por fuera. Sin llorar, aunque vencida.

—Estoy con él, siempre igual, de la misma forma, peleas, reconciliaciones, desaparece, no me habla, y un día aparece y todo empieza de nuevo —confesó con un deje de resignación.

—Permites que todo empiece de nuevo —dije con firmeza.

—Sí, claro, lo permito —contestó suavemente.
—Entonces... —dije para que continuara.
—Entonces estoy aquí otra vez para que me ayudes —susurró.
—¿En qué necesitas que te ayude?
—No sé, en esta necesidad de él, de ser elegida por él, es esto de lo que no quiero salir porque siento que si lo pierdo me muero y si me quedo me mata —dijo con voz apenas audible.

Asentí con la cabeza, en silencio.

—Estoy embarazada —soltó de una sola vez sin siquiera respirar, se tapó la cara con las dos manos y esta vez lloró.

Lloraba de dolor y también reía a intervalos porque entre tanto lodo se abría paso una semilla de esperanza. Podía ver en su rostro la vergüenza del humillado, del herido, del abandonado, de aquel al que rompieron en su buena fe, de ese a quien le dinamitaron la confianza en su momento de mayor vulnerabilidad.

Su embarazo fue en soledad, porque por supuesto él encontró la excusa perfecta para desaparecer del vínculo y de sus responsabilidades. Ella, con su cuerpo diminuto pero agigantado por el valor de esa gestación, lo afrontó todo sola, física, emocional y económicamente. Sola, sin una queja. Su hija nació y ella no transitó ninguna depresión posparto. Ella solo brindaba amor multiplicado y elevado a la máxima potencia. Ella iba sola por la victoria, hasta ese día en que él reapareció diciendo «Ya sé que te herí, pero no fue a propósito», y ella necesitó creerle, y crearle a su hija algo que pareciera una familia. Dios sabe que hizo lo imposible, pero solo consiguió construir su propio infierno, sin imaginar ni por un instante que el fuego llegaría a las emociones de su hija en poco tiempo.

Desapareció de nuevo de manera imprevista, una cancelación sin reprogramación y siete años en los que no volví a saber de ella, hasta ese día en que me escribió diciéndome que necesitaría verme. Acordamos fecha y hora para la primera sesión de esta tercera etapa. Mi alegría por volver a verla se empañó por el estado en que la vi y casi sin reconocerla la abracé. Su voz suave estaba intacta, también su dulzura y su miedo, que asomaban en su mirada como una demanda desesperada de ayuda. Lo había soportado todo durante muchos años y pagado un alto coste por aquello. Sin embargo la chica de voz suave y cuerpo pequeño había logrado deshacerse de él en una sola jugada de jaque mate. Sola, una vez más. Había logrado dejarlo fuera de casa, de su casa, de esa que siempre fue un bien propio. En busca de un poco de paz mental, había optado por ignorarlo después de su salida de la casa y el ego de él se desmoronó. Empezaron los ataques brutales y furiosos a través de audios y mensajes, el tironeo de la hija de ambos, el ruido de abogados, las amenazas, la violencia verbal y el terrorismo psicológico. Ella sin saberlo lo ignoraba, respondía amable y suavemente con su vocecita de suspiro y él ardía en llamas en su propio infierno de impotencia.

Ninguna de las balas que él le disparaba daban en el blanco porque el blanco se había ido. Ella ya no era suministro para el narcisista. El parásito no tenía de quién alimentarse y su ego agonizaba en soledad. «Arréglatelas sola», le dijo un día por mensaje, frustrado, sin trabajo, sin casa, sin coche y sin contacto con los hijos de su primer matrimonio. «Arréglatelas sola», sí, claro, como hizo siempre y como tú no pudiste hacerlo nunca.

Se terminó el juego perverso.

Ella venció.

Ahora solo queda proteger la victoria.

En el nombre del Padre

Tú le tendiste la mano cuando estaba en caída libre y ella no dudó ni un solo instante en clavarte un puñal por la espalda a traición, en un gesto de deslealtad, de puro abuso emocional, como siempre había hecho. Es posible que pensara que te ibas a dejar herir como tantas otras veces y se dio cuenta de que esta vez no, pero no lo esperaba. Eso del amor propio y del autorrespeto es algo que no tiene asociado contigo. Tampoco tiene incorporado el respeto por los derechos del otro. Pensó que ibas a estar ahí para siempre para darle la mano y que ella tomara tu brazo y después te lo amputara hasta dejarte mutilado.

Ya lo sé, te conozco muy bien, le hubieras dado la mano de nuevo, solo que esta vez no porque aquí estoy yo, mostrándote que si dejas que te mutile el único brazo que te queda vas a verte en problemas.

Yo sé que esta batalla te pilla cansado porque vienes de más de cien guerras con la misma abusadora emocional y esta ocasión te la querías evitar. Pero ya falta poco, es la batalla final, donde quedas desvinculado para siempre.

No le creas más la víctima porque se le cortaron los hilos y se le cayó la máscara. Deja de sentir culpa cuando la víctima eres tú. No te dejes lastimar más, no tiene el derecho de hacerte mierda una y otra vez. Y si a ti te confunde, aquí voy a estar yo para decirte que tu culpa es una culpa descolocada, fuera de lugar, inadecuada. Esta vez le vas a soltar la mano, porque si se la das de nuevo te la va a volver a morder y a cortar. Déjala en caída libre y que busque a otro de quien agarrarse, se le acabó la etapa de la madre víctima. No sostengas nada más y deja descansar tus lumbares de tanto peso sostenido.

Deja que entre ellos drenen la furia de las traiciones cruzadas, que se enojen, que se frustren, que se miren a la cara y se digan lo que nunca se dijeron. Si te quieren a ratos no te quisieron nunca. Si no te quieren siendo justo, entonces no te quieren.

Si te quieren abusable, son unos hijos de puta.

Perdóname, pero no todo es patología.

La hijaputez es una categoría distinta.

Alguien te lo tiene que decir de una sola vez, con claridad bestial, y la única que tiene las agallas para hacerlo sin anestesia verbal soy yo, ya me conoces.

Pon el límite, no le des más la mano a traidores y, en el nombre del Padre, que acepten lo justo. Y si no lo aceptan, que sigan teniendo berrinches cuando no logran abusar de tu buena fe.

Te sientes culpable por no dejarte abusar porque tus pensamientos están distorsionados. Se llama disonancia cognitiva, pero de verdad no importan los tecnicismos, tu percepción está distorsionada. Tú no has hecho nada mal, tú no eres el culpable, tú no lo rompiste todo, fueron ellos. Tú no estás obligado a dejarte traicionar y abusar para que te consideren bueno.

Ser bueno y justo es lo que corresponde.

Si los ofende, que se ofendan.

Déjalos aplicando la ley de hielo y jugando sus juegos sucios.

Tienen que crecer y crecer duele.

Tarde o temprano esto iba a suceder.

Es la batalla final.

Es el nombre del Padre, que ella nunca tuvo.

La ley.

El límite.

El corte final.

Nunca más le des la mano a un traidor, aunque lo veas al borde de un abismo, porque se va a agarrar de ella para llevarte con él. En este caso con ella.

Pero esta vez estoy yo.

Y eso lo cambia todo.

Conmigo no.

Lo saben bien.

Conmigo NO.

Watson

Las banderas rojas no advertían solo peligro sino certeza de muerte inminente, pero a veces nos mueven impulsos que proceden de lugares lejanos vinculados a nuestra historia y, aunque presentimos el peligro, seguimos avanzando.

Te metiste en el camino del calvario y fuiste pasando una a una por cada estación. Esta última es de vida o muerte y te veo más tranquila que nunca, Watson, porque ya lo entendiste todo.

Para renacer del abuso hay que patear el tablero y tú lo pateaste de una vez y para siempre.

Te declararon la guerra, Watson, y dejaron los dedos marcados en la declaración.

Son básicos, te lo he dicho siempre.

Elemental, Watson.

Cuando aquella tarde llegaste al consultorio devastada por la angustia y vestida de ingenuidad, todavía no podías siquiera ver lo que había detrás de ese amor tormentoso. Era el gran temporal de tu vida y lo ibas a tener que atravesar para salir fortalecida.

Parecía que sola no podías con nada.

Todo era él.

Si algo podías era por él, gracias a él, solo por él.

Se había ocupado de captar tu mente haciéndote creer que sin él no podías. Su dinámica emocional sobre ti era una alternancia entre caricias y golpes. Te impulsaba y te empujaba al vacío de manera intermitente, y en ese movimiento pendular que se parecía al amor te iba acunando hasta adormecerte. Pero no estabas dormida. Apenas asustada, lastimada, profundamente herida.

Ya no importa el camino que te acompañé a recorrer, lo único que vale recordar es que tuviste el coraje de ir paso a paso con caídas y puestas en pie. Tu historia de vida no fue fácil, tú y yo conocemos perfectamente cada página. Las dos sabemos los precios que pagaste en cuerpo y alma y que algunas de esas páginas se escribieron con sangre y lágrimas. Vas en la tempestad sobre las manos de Jesús como si se tratara de una balsa que te mantiene a flote en aguas bravías y el manto de Fátima que te cubre cuando parece que todo está perdido y sin embargo no. Siempre emerges aun de las aguas más oscuras, aunque una mano siniestra te hunda la cabeza nuevamente cuando recién pudiste tomar un poco de aire.

Dios sabe, Watson, ya te lo dije una y mil veces.

De hijos de puta y de cabrones también, a todos te los saca del camino de diferentes formas y tú sigues sobre la línea de flotación, encaminada a lograr tu sueño.

Y para ser honesta, vas muy bien.

Ya sé, ya sé, me vas a decir que con mucho sacrificio y tienes razón. Pero una cosa es el sacrificio para alcanzar tu sueño y otra cuestión es el precio que el perverso narcisista te está haciendo pagar por haberlo logrado.

Te vi por última vez de forma presencial en el consultorio y tu cara decía: «Vale lo que cuesta...».

Y si vale lo que cuesta ya ganaste, porque sabes lo que se siente al haberlo logrado.

¿Te has dado cuenta?

Pudiste y sin él.

Nunca fue un respaldo ni un apoyo.

Era un ancla al infierno.

Te replegaste para sanar y volviste al ruedo.

Lograste lo que querías y aquí estás.

¿Qué?

No te escucho bien.

Ah, ¿te refieres a la última piedra que te tiró para hundirte de nuevo en la oscuridad?

Esa batalla ya está ganada.

Tu ejército de ángeles y arcángeles van delante de ti para que salgas vencedora.

Dios sabe, Watson.

¡Confía!

Ponce

Apenas eran las 10.30 de la mañana y las tres plantas del edificio del Banco de las Américas ya estaban atestadas de clientes haciendo interminables filas frente a las cajas y los mostradores.

Una nueva jornada comenzaba para Pedro, una más, una de tantas, pero no se quejaba, pues su cargo de personal de seguridad bancaria le aportaba la cuota de poder que él necesitaba para sentirse valioso, útil, necesario.

Recorría los pasillos del subsuelo, donde el público se agolpaba en interminables hileras humanas, con la cadencia de quien conoce el terreno y la omnipotencia que le confería el uniforme, este uniforme, el de hoy, tan diferente de aquel de antaño en la escuela secundaria, que le quedaba tan distinto a los demás, a causa de su sobrepeso.

Pedro no había cambiado demasiado, con su metro noventa, su sobrepeso, sus mejillas sonrosadas eternamente y sus facciones poco agraciadas, continuaba evitando los espejos, como ayer, durante su insegura adolescencia, etapa en la que adolecía de todo, pero más que nada de autoestima.

Muchas veces, en sus fugaces escapadas al baño, se encontraba a solas consigo mismo y solía decirse lo mucho que había cambiado su vida desde su llegada al banco.

Atrás habían quedado aquellos días de humillación en los cuales se sentía nada, un fracaso, ya no era «el gordo», ya nadie se burlaba a su paso, por el contrario, ahora lo respetaban: su tarea era mantener la seguridad dentro del banco y la ejercía con avidez.

Cada noche, de regreso a su casa en Floresta, maravillaba a su madre, viuda desde hacía diez años, con variados relatos acerca de su actividad de ese día: sobre la joven que a pesar de su advertencia insistía en utilizar su móvil dentro del banco; de la señora que se negaba a realizar un depósito por el cajero automático e insistía a pesar de las largas colas en hacerlo por ventanilla; del joven que, en actitud sospechosa, revolvía su bolso buscando sin encontrar algún papel, y así, frente a la escucha atenta de su madre, transcurría la cena de dos, solitaria, triste y vacía, que los reunía desde sus dieciocho años, cuando su padre abandonó este mundo, para alivio de su madre, víctima de constantes maltratos físicos, y para su propio alivio, por la impotencia que le ocasionaba no poder defenderla de tan brutales ataques, que ella intentaba silenciar culpando al alcohol y deslindando la responsabilidad de su marido.

Pero el momento de acostarse era el más temido por Pedro cada día de su vida, porque en aquel preciso instante, en ese en que tenía que quitarse el traje azul marino del uniforme de seguridad, desprender su credencial identificatoria y volver a ser Pedro, ahí reaparecía de lo profundo «el gordo», aquel que lo atormentara durante años y lo persiguiera como una sombra errante, recordándole que no era aquello que aparentaba ser.

Debido a esto, Pedro apuraba el trámite tortuoso de desvestirse, se hundía en su cama de soltero y se forzaba a recordar su actuación laboral de ese día, hasta entrar en el letargo profundo del sueño reparador, hasta que las luces del día le devolvieran esa identidad prestada que lo revivía cada mañana.

Todas menos aquella, la de ese 15 de noviembre.

Esa mañana amaneció como tantas otras, se sentó en el borde de la cama hasta tomar fuerzas para desplazarse hasta la ducha, se dio su baño habitual y emprendió la ceremonia del traje azul marino, con su camisa de ese día, nívea y prolijamente colocada por su madre, quien cuidaba su lavado y planchado como si se tratara del atuendo papal.

Una fugaz mirada al espejo, asegurando evitar cortes en su rostro causados por la rasuración de esa mañana, unos mates compartidos con su madre y la eterna espera de la línea 85, que aparecía en simultáneo con varias unidades o lo dejaba en compás de espera durante largos espacios de tiempo.

Como cada jornada, Pedro arribaba al banco a las 9.30, media hora antes de la apertura al público, tomaba posesión de su *handy*, colocaba cuidadosamente su auricular sobre el oído derecho y aguardaba pacientemente hasta las diez para comenzar su tarea.

En los primeros treinta minutos de esa mañana todo se desenvolvía normalmente, con esa normalidad casi enloquecedora que inundaba de tedio la rutina de observar a la gente, controlar sus comportamientos y estar atento a la detección de cualquier movimiento extraño o violación de las normas del banco.

Pedro disfrutaba de su labor, a pesar de lo repetitiva y estresante que pudiera resultar para algunos de sus compañeros.

Él había encontrado la manera de sobrellevar aquellas horas implementando un juego: caminaba en línea recta hacia alguna persona de las hileras como si se dirigiera a ella precisamente, para luego desviar su camino al ver la inquietud aparecer en el rostro de la víctima elegida.

Se regodeaba fascinado en el poder de su rol, se sentía temido, amenazante, sancionador, portador de la ley.

Increpaba a quienes utilizaban sus teléfonos móviles:

«Buenos días, señor, no se puede usar el móvil en el banco», decía lleno de placer al ver dibujarse la vergüenza y el miedo en la cara del transgresor.

La autoridad lo subyugaba, el poder lo extasiaba.

Fue en uno de esos juegos, cuando al acercarse a un joven que de espaldas atendía una llamada en su móvil sintió el peso de un pasado que deseaba olvidar.

«¡Gordo!», lo nombró el joven dándole una palmada en su brazo izquierdo, justo al lado de su credencial. «¿Qué haces aquí? Soy Ponce, ¿no te acuerdas de mí?».

Pedro sintió que sus piernas flaqueaban y su cuerpo recibía una oleada de adrenalina; se repuso y en una fracción de segundo retomó el control de sí mismo y de la situación.

Imperturbable y haciendo oídos sordos al comentario, con firmeza en la voz soltó su frase preferida: «Buenos días, señor, no se permite el uso de móviles dentro del banco», e intentó emprender la retirada en la creencia de que el joven no persistiría en su abuso de confianza.

Otra vez: «¡Gordo! ¡Soy Ponce! ¡Che! No hace tanto que terminamos la secundaria, ¿no te acuerdas de mí?».

Pedro ya había perdido la calma, ¡Ponce! Justo Ponce tenía que estar en la casa central esa mañana, precisamente él, el autor de sus días de infierno, su torturador oficial durante los cinco años de la escuela comercial, su denigrador personal.

Los recuerdos se suscitaban en su memoria uno tras otro, sin pausa. Sentía que ya no controlaba la situación, había que actuar, alguien debía callarlo antes de que comenzara a recordar vivencias de otros tiempos.

«Señor, guarde su móvil y continué con su espera», rugió, determinado a ponerle fin a la escena, y comenzó a caminar en sentido opuesto a Ponce.

Pero Leo Ponce seguía siendo el mismo de otros tiempos, intrépido, desafiante, y una vez más intentaba humillarlo. Pero esta vez él no estaba dispuesto a permitirlo.

Ponce se salió de la fila y lo siguió, tomándolo por el brazo para insistir en ser reconocido. Pedro sintió la amenaza en su sangre y, antes de tener un intervalo lúcido que le permitiera reprimir su acción y evitar que pasara a la acción, pulsó la alarma desde su *handy*.

A partir de ahí todo fue confusión y caos: hombres de seguridad aparecían de todos los sectores, intentando sujetar a Ponce, que, aturdido, seguía tratando de explicar lo que era para él una simple escena de la vida diaria.

La policía llegaba al lugar, la gente se dispersaba asustada y Ponce no cesaba en su intento de aclarar la situación.

Algunos minutos transcurrieron antes de que impactara aquel disparo certero sobre el pecho de Ponce.

Varias horas pasaron antes de que Pedro regresara a su casa, pero esta vez con una historia para ocultar.

Aquella noche, Pedro durmió vestido con su traje azul marino y la credencial pendiendo de la solapa de la chaqueta sin abrir siquiera el acolchado de su cama.

Estaba decidido, ya no permitiría que su abusador volviera a quitarle su nueva identidad.

Su madre me relató todo en nuestro primer encuentro cuando le pregunté el motivo de consulta.

—Es porque me preocupa vivir con mi hijo, tengo miedo —dijo visiblemente nerviosa.

—La escucho —dije con suavidad.

—Sí, claro. —Y bajó su mirada—. Mi hijo sufrió mucho *bullying* en la escuela secundaria. Era un grupito liderado por un tal Ponce, lo torturaron durante cinco años y el colegio nunca hizo nada. También vivió mucha violencia de su padre ya fallecido. Nos pegaba a los dos. Era un buen hombre, pero cuando se enfadaba se ponía así, como Pedro.

Rumba

Su traje tenía la impecabilidad de la que carecía su moral y la fragancia importada que usaba funcionaba como un hipnótico que adormecía a sus víctimas hasta hacerlas sucumbir en sus mentiras confesas. Sí, digo bien, confesas. Una de las partes siempre sabía la verdad de sus mentiras, la otra jamás, aunque me atrevo a inferir que las sospechaba, que fingía ignorarlo todo para mantener el statu quo de la tragicomedia matrimonial que ambos protagonizaban desde hacía ya veinte años.

Cada dos años me contactaba para pedir hora y asistía semanalmente durante algunos meses, nunca más de seis, plazo en el cual concluíamos siempre del mismo modo. Él continuaba con sus infidelidades, ella fingía ignorarlas y la vida en el barrio privado de la zona norte continuaba sin sobresaltos, impulsada por la crianza de los hijos y los viajes familiares con destinos internacionales varias veces al año.

En uno de sus retornos tras algunos años de receso su contacto fue diferente. Se lo veía notablemente preocupado porque su edad ya había superado los cuarenta y largos, sus hijos ya estaban dejando el hogar familiar y le preocupaba morir sin ser feliz al lado de una mujer buena a la que no amaba y además engañaba desde antes de casarse. Nada en su relato mostraba siquiera una mínima reflexión más allá de sí mismo y su propia felicidad, ni un solo indicador de introspección ni de angustia. Ni siquiera sabía el motivo de su consulta. Le sugerí que buscara en él la motivación de su demanda de ayuda, el sentir en el cual se fundaba la necesidad de este espacio, y se comprometió a trabajar en eso ante la sorpresa de no encontrar una respuesta. A la semana siguiente me escribió para consultarme si era posible hacer la sesión en modalidad virtual por temas laborales que le dificultaban llegar desde el microcentro a mi consultorio. Acepté realizar la sesión online y a la hora acordada le envié el link para unirse a la sesión. Al admitirlo, no me dio tiempo siquiera para el saludo habitual y él dijo «Rumba». Solo atiné a reflejarle sus palabras.

—¿Rumba? —dije, mirándome en la pantalla para asegurarme de no estar gestualizando.

—Sí, Rumba —respondió sonriendo y confirmando que era exactamente eso lo que había dicho.

—¿Qué es Rumba? —pregunté, sonriendo también para acompañar su gestualidad.

»Entiendo, la aspiradora robot... la llamáis Rumba... ¿Y qué significado tiene Rumba como para abrir este encuentro con ella? —dije mientras trataba de comprender lo que me estaba resultando un sinsentido desconcertante.

—Rumba está a mi cargo, yo soy quien la pone todas las noches cuando ya todos están acostados. No puedo separarme de ella, ¿quién se ocuparía entonces de Rumba? Me duele dejarla. Puede parecer una estupidez, pero ese es el motivo por el cual hice la consulta —dijo con determinación en su mirada y en su voz mientras se reclinaba en su sillón ejecutivo basculante.

El ejercicio profesional mantiene activa la capacidad del asombro de manera casi permanente, pero en ciertas ocasiones el discurso supera los límites de lo esperable. Y esta era una de ellas. Rumba pasó a ser un tema central de varios encuentros, como si se tratara de un miembro más de la familia que él sentía a su cargo y bajo su responsabilidad. Rumba cerraba el día, era la compañera de sus noches solitarias, su testigo silente de mensajes que debían ser borrados con inmediatez y la cómplice para prolongar su presencia en la planta baja del hogar conyugal. Todo eso era Rumba, ¿cómo dejarla?

Rumba era un nombre propio.

Rumba era una aliada, una compañía, una excusa y también la depositaria de ese abandono imaginario.

Rumba se movía por la casa haciendo su tarea y él se sentía culpable solo de pensar en dejarla.

Rumba estaba a su cargo. Su esposa dormía en la planta alta, pero a ella no la mencionaba. Y si él no la mencionaba, tampoco yo podía hacerlo. El motivo de la consulta era Rumba y nos quedaríamos centrados en Rumba todo el tiempo que fuera necesario.

Una de las formas más trágicas que encuentra nuestro psiquismo para evitarnos la angustia que produciría darnos cuenta de que nuestra realidad actual no nos satisface es mediante un mecanismo de defensa como la negación o la racionalización, que nos permite huir a la tierra del autoengaño para no cambiar nada.

El miedo siempre es la respuesta cuando te preguntas para qué te autoengañas. Simple, para evitar la certeza del miedo a cambiar las cosas que no te satisfacen.

Para cambiar tengo que elegir, y elegir te lleva inevitablemente a perder algo. De lo que no te das cuenta es de que no elegir es una forma de elegir, y como al no elegir estás eligiendo, la pérdida es inevitable y la vas a tener igual. Entonces lo que haces es pensar, porque pensar entretiene y te produce la sensación de estar haciendo algo que es solo pensar, pero no resolver. Entonces pensamos en Rumba.

Por Rumba me apego al pasado.

Por Rumba me quedo.

No es por miedo, es por Rumba.

Basta de mentirte y de mentirles a todos.
Basta de engañar y engañarte.
¡Basta!
¡No es Rumba! ¡Eres tú!
Tú, que tienes miedo.
Tú, que litigas para otros, pero tienes miedo de librar tus propias batallas.
Déjate de joder y de mentir.
Y ella que se deje de golf y de hacerse la tonta. Dejad en paz a Rumba, que es un robot.
Haceos cargo de miraros a la cara y deciros que no os amáis, pero tenéis miedo de abandonar esta mentira que habitáis jugando a vivir.
Apaga la Rumba y enciende el coraje.
Limpia los miedos que escondes bajo la alfombra y deja de poner a Rumba para que los aspire.
Dé-ja-te-de-jo-der.
No te duele Rumba.
¡Te duele el miedo!
Hazte responsable.
Mucho peor es que te duela cada día la mentira que es tu vida.

El editor

Las escritoras noveles, humildes, ingenuas y crédulas eran su especialidad. Se tomaba tiempo para seleccionar a sus presas y cuando las elegía iniciaba el proceso frenético de empujarlas, impulsarlas y, como alguna de las incautas expresó alguna vez, «las intencionaba autoras». Ellas lo amaban y en su primer libro publicado le dedicaban extensas líneas agradeciéndole haberlas empujado, sostenido, impulsado, intencionado (sin saber que tiempo después lo estarían maldiciendo por haberlas utilizado, embaucado, estafado, abusado, robado) y, finalmente, descartado. Él era un perverso de esos que confunden, que desorientan y hasta generan algo de empatía. No tenía la impronta inconfundible del prepotente, del soberbio, del manipulador claramente hijo de puta. No, él tenía el aspecto de un *homeless* depresivo, desalineado, poco dado a la higiene personal, portador de una baja autoestima y dueño de un discurso de víctima recuperada cuya infancia se había desarrollado en oscuros y húmedos sótanos ordenando libros. Él era el hombre de las hojas, del sur, de los sótanos, de Dios y de la biblia. Él era el perverso editor, que buscaba autores con una sola intención: estafarlos.

Sin distinción de género ni profesión, muchos cayeron en la delicada y estratégica telaraña que había urdido durante años bajo un maquillaje perfecto, la Iglesia Cristiana Evangélica. ¿Quién podría sospechar de un hombrecillo desalineado y recuperado de sus adicciones por obra y gracia de Dios? Nadie desconfiaría del hombre a quien *El Reino* le brindaba su fachada liberadora de pecado para estafar en el nombre del padre, de su hijo y de su exesposa, que lo defendía en todas las causas civiles y penales que pesaban sobre él.

Su bombardeo no era de amor sino de halagos sobredimensionados e inmerecidos, que sin fundamento alguno sus autores elegían creer. Aquel hombrecillo de sótanos húmedos sin la secundaria acabada les prometía todo lo que sabía que jamás cumpliría. El negocio era perfecto: él mentía y sus víctimas querían creer sus mentiras porque alimentaban sus anhelos de éxito. Un éxito que nunca llegaría. Y si lo hacía, él ya se ocuparía de apropiarse de las regalías.

Bombilla rosa

Un «haras» es un predio dedicado especialmente a la explotación y tenencia de reproductores de alto valor genético, puros de pedigrí, y también puede ser el nombre con el que se denomina algo más que eso. En este caso se trataba de un predio, pero vinculado a un complejo entramado de personalidades adictas al poder, la manipulación y el maltrato psicológico.

El complejo era verdaderamente complejo y se hacía necesario conformar un directorio, del cual muchos aspiraban a participar. Cualquier ámbito vinculado al poder es el aspiracional de un narcisista y, como no podía ser de otra manera, el directorio se fue conformando con una fauna diversa que tenía un denominador común: los narcisistas (en todas sus variantes).

Nunca es una buena idea disputarle poder a un narcisista y menos aún contradecirlo, cuestionarlo o hacerle un señalamiento. Uno solo de estos actos bastará para ser declarado como enemigo manifiesto del que es preciso deshacerse.

Un justo era lo último que necesitaba el «Mundo Haras», y menos si era mujer, lúcida, honesta, determinada, profesional y sólidamente formada. Menos aún la necesitaban metiendo sus narices en los negociados y alianzas que se estaban tejiendo entre todos y todas. Ella fue el blanco designado para todos y se unieron para lograr su cometido, bajarla.

La estrategia fue tan primitiva como su autor, maltrato psicológico y verbal con el objetivo de horadarla hasta el desgaste y su retirada. Un crimen sin sangre. El crimen narcisista perfecto. Matar la dignidad hasta agotar la resistencia psíquica, quebrantarla emocionalmente y que renuncie por decisión propia.

Era tan perfecto el plan que no podía fallar.

Sin embargo, nunca se debe subestimar a un enemigo y ellos lo hicieron.

Quien cuenta con los recursos suficientes como para superar abusos en las primeras etapas de la vida y poder seguir adelante sin autodestruirse, sin resentirse y conservando intactos sus valores y su dignidad es un resiliente. Y ser resiliente es mucho más que ser un sobreviviente.

Nunca es una buena idea siendo una persona con conductas abusivas y violentas librar una batalla con un resiliente. Jamás.

Si se sobrepuso a lo vivido en las primeras etapas de la vida, es probable que entre todo lo que perdió haya perdido también el miedo. Esto no juega a favor del abusador.

Cuando estás frente a un resiliente no hay cese de fuego, no hay nada que lo pueda detener, ni de lo que digas ni de lo que hagas, por lo cual los mensajes crípticos y las manipulaciones encubiertas no son una opción.

Guarda la bombilla rosa, el juego terminó porque te detectó, os identificó, os descubrió, jugó, os barrió con el cuatro de copas y ganó. Sí, así de simple.

Pagó todos los costes, pero no pudisteis con su determinación, con su coraje, con su inteligencia, con su astucia.

También vio la bombilla rosa, la descifró y entendió, pero la alianza no salió.

Nunca jamás vuelvas a desafiar a un resiliente.

La asamblea se da por finalizada.

Feliz cumple atrasado

Traer vida al mundo parecía ser su nueva pasión para mostrar su omnipotencia, su grandiosidad y ocultar de paso sus interminables miserias, conductas perversas y siniestras manipulaciones. Su ser era definitivamente destructivo, egoísta y perverso. Sin embargo, la medicina como profesión lo ubicaba en un lugar de prestigio social, de confiabilidad y los partos directamente lo ascendían al Olimpo de los médicos obstetras. Detrás del impecable traje blanco todo era demasiado negro, oscuro, sucio, inmundo. Por la vida del doctor habían pasado varias mujeres, pero de todas ellas las únicas que lo veneraban eran sus pacientes, que lo conocían poco y solo veían de él la fachada que mostraba en la consulta. Las otras mujeres con las que había mantenido relaciones afectivas lo detestaban y buscaban mantenerse lo más lejos posible. Él traía vida al mundo en la sala de partos y muerte emocional en las relaciones de pareja. Su última presa había logrado el descontacto absoluto después de haber atravesado un breve tiempo de fascinación y enamoramiento y unos cuantos años de una caída libre al infierno de la angustia, la ansiedad, la disonancia cognitiva, el autorreproche, la culpa, la depresión y el acompañamiento profesional indispensable.

Con ella había cometido un error: la conoció vulnerable y confundió su estado de vulnerabilidad (con su característica de transitorio) con una fragilidad del yo como característica de la personalidad. Se equivocó, aunque por supuesto jamás sería capaz de admitirlo. Ella transitaba una situación de vulnerabilidad por una crisis personal, pero de frágil no tenía nada. Era una resiliente, una sobreviviente de una madre narcisista que había logrado salir de la telaraña de la desaprobación constante, del infierno de no dar nunca la talla, de no ser quien se esperaba, de ser la que decepcionaba, y había superado todo aquello hasta aceptar que estaba bien ser quien era sin importar quién fuera. Ella había entendido que su centro de valoración tenía que estar dentro de ella, y no fuera. Había entendido que su familia era la que había formado, y no la que no había elegido y le había tocado. Ella era una mujer inteligente, lúcida, sarcástica, brillante, de mente ágil y lengua afilada pero certera. Solo su estado de vulnerabilidad transitorio y una mala pasada que le jugó el destino la cruzaron con él. Descendió al infierno al que los perversos narcisistas te citan con declaraciones de amor y promesas que saben que jamás cumplirán y luego te sueltan la mano y emprendes la caída libre hasta el golpe final sobre la realidad: no era quien mostraba ser.

Pero a pesar de todo aquello salió. Con mucho trabajo personal logró repararse, sanar y rearmar su vida sosteniendo el contacto cero.

Deshacerse del obstetra había resultado para ella un parto en el que había tenido que repararse como mujer y repararse en su salud emocional.

Atrás habían quedado aquellos tiempos enloquecedores en los que el maltrato psicológico era parte de su vida y su vida un caos de culpabilizaciones, triangulaciones, acusación y agravios, plagada de conversaciones eternas que jamás conducían a la resolución de nada y la dejaban devastada física y emocionalmente, sintiéndose la responsable de todo cuando no había hecho nada, pero me preguntaba: «¿No habré sido yo la que...?».

No, no y no, no fuiste tú, no eres tú, es él...

Nunca se trató de ti, se trata de él...

Siempre de él...

Él, el perverso narcisista que bajo el disfraz de obstetra oculta al lobo, dejando ver solo al cordero que no es, que nunca fue y que nunca será.

Y si te quedaba alguna certeza por confirmar, se ha ocupado de hacerlo, mostrándose una vez más como un depredador al acecho de su presa.

Tal vez ha olido paz y ha vuelto...

Justo ahora, cuando has logrado reestablecer el orden y la estabilidad en tu vida, y precisamente en el momento en que ha perdido todo rastro de la sangre de su víctima y solo huele indiferencia y distancia, es cuando hace su entrada fatal en escena con un anzuelo miserable en la fecha correcta: «Feliz cumple atrasado»... un año después de no saber nada de ti.

Tu indiferencia, tu no reacción, lo han dejado sin suministro narcisista y entonces, como era esperable, han llegado la frustración y el mensaje culpabilizador: «Es una lástima que tengas esta actitud de bloquearme cuando solo te estoy mandando un saludo de cumpleaños... Te mando un abrazo».

Otro para ti, Narci, esta vez el esclavo se escapó.

Error

Despertarte a la mañana somnoliento, entrar en la ducha y coger el acondicionador en lugar del champú hasta darte cuenta de que no hace espuma en tu cabello es un error. Pero tener la discusión número mil con ella en la cocina, que te diga que va a ducharse, abra la ducha mientras se desviste y que tú irrumpas en ese espacio de privacidad, corras de un tirón la cortina de baño y la agarres del cuello contra la pared, mientras desnuda, mojada y vulnerable no tiene posibilidad alguna de defensa más que algún manotazo para poder respirar, no es un error. Es violencia. No nombres como un error una conducta violenta porque es manipulación. Y tampoco le digas que ella también te pegó, cuando daba manotazos al aire para tratar de zafarse del ahorcamiento porque eso es perverso.

Violencia perversa.

Hijaputez también.

Un violento perverso hijo de puta.

Sí, esa sería la divina proporción de tu descripción.

Error es la existencia de seres como tú en el mundo afectivo de las personas buenas, compasivas, salvadoras, amables e ingenuas que habitan esta tierra.

Te vi el primer y único día que llegaste a mi consultorio con ella y aceptaste mi convocatoria creyendo que podías engañarme a mí también, manipularme, intimidarme. Te convoqué a un encuentro de pareja porque te vi sin conocerte, algo hacía ruido en el relato de nuestros encuentros individuales.

El ruido eras tú.

Ese ruido sutil que desde el fondo te dice que hay alguien al acecho.

Ese ruido silencioso que anuncia peligro.

Esas putas banderas rojas que puedo ver aun entre la bruma que saben crear con sus manipulaciones perversas.

El punto es que pude identificarte y viniste a jugar tu juego, en la certeza de poder engañarme.

Un hombre tan bueno, padre ejemplar, tan bien dispuesto que acompaña a su pareja a su espacio terapéutico para que ella resuelva sus problemas, esos con los que tú no tienes nada que ver, por supuesto, y sin embargo ahí estás, estoico, dispuesto a colaborar en lo que haga falta.

Estábamos en la planta baja del edificio de mi consultorio esperando el ascensor y ella, siempre luminosa y radiante con sus rizos alocados y su sonrisa franca, conversaba mientras el ascensor llegaba desde el piso séptimo. Tú, de menor estatura que ella, te quedaste posicionado por detrás, fuera de su visión, pero claramente en el espectro de la mía.

Te vi y me viste, nos reconocimos enseguida pero no fue tarde sino justo a tiempo.

Me lanzaste una mirada certera, feroz, dura y sostenida directa a los ojos.

La mirada del depredador que sabe que está frente al cazador y se siente acorralado.

Me miraste listo para atacar.

Tu mirada fue una advertencia clara y contundente que sentí en todo mi ser: «No te metas conmigo».

Y no me metí.

No en ese encuentro de pareja.

No en mi consultorio.

No en la sesión conjunta.

No del modo en que esperabas.

No, así no me metí.

Leí claramente tu perverso comportamiento desde mucho antes de ese encuentro de pareja presencial.

No iba a dejarte ver que te había visto, y menos aún meterme contigo de frente, ¿con qué necesidad? Si sabía que bastaba con dejarte ganar este asalto para que te afianzaras en tu posición de poder y creyeras que la tenías sometida a ella y controlada a mí.

No iba a meterme contigo de frente, con un depredador feroz, voraz, desesperado y acorralado, no, hay otras estrategias para entramparlos y mucho más efectivas.

De frente, no.

Ese día te fuiste de la sesión relajado, convencido de que me habías hecho creer el personaje de padre abnegado y además habías tenido tiempo suficiente para sentar cátedra de crianza (que ejerces una vez al mes durante veinticuatro o cuarenta y ocho horas, siempre en compañía de ella y en su casa por supuesto). Tus exparejas y madres de tus hijas, por supuesto y como era de esperar, locas a las que tuviste que dejar.

Dejaste claro que el problema de esta pareja es ella y su intolerancia con tus hijas por no ser madre y no entender cómo es esto de ser padre. El problema es ella, que no tiene paciencia, que no sabe, que se pone a la altura de una criatura de once años.

Ella.

Tú que no estableces límites de respeto, no.

Ella.

Tú que no cumples con tu función paterna, no.

Ella.

El problema es ella que no es madre.

Ella.

Tú que permites faltas de respeto de tus hijas hacia ella y en su propia casa, no.

Ella.

Por su culpa, por su culpa, por su gran culpa.

El problema es ella.

Quedó claro.

Y quedó clarísimo también que en la siguiente discusión, y ya número mil sobre los comportamientos de tus hijas con ella, esperaste a que estuviera en la ducha, desnuda, mojada, sin posibilidad de defensa y absolutamente vulnerable, para tomarla del cuello y ahorcarla contra la pared, para acusarla después diciendo que ella también te pegó (aludiendo a los manotazos que dio tratando de defenderse).

Quedó claro que eso fue un error, porque fue tuyo.

Ella es culpable de su intolerancia hacia las conductas de tus hijas, pero tu violencia física es un error y además ella también es violenta porque también te pegó en un intento de defensa.

La semana pasada me contó conmovida que ibas a pasar Año Nuevo solo...

Y sintió pena...

Y te invitó a pasarlo con ella y su madre...

«¿Con casi cincuenta años no ha podido construir ni un solo vínculo de amistad que lo invite a pasar Fin de Año para no estar solo?», te pregunté.

«Sí, no sé...», fue todo lo que respondiste.

Sí lo sabes.

Lo sabes todo, pero eres adicta a este vínculo y apenas puedes empezar a darte cuenta de lo que pasa, aunque sabes muy bien lo que pasó aquel día en la ducha. Y sabes muy bien lo que pudo haber pasado. Por eso no se lo cuentas a nadie de tu familia, solo a alguna amiga.

Tú lo sabes.

Ya te diste cuenta.

¡Y con darte cuenta hago referencia a esa voz interna que como un rayo de iluminación te grita: «Termina con esto ya. Sácalo de tu vida. Algo con él no está bien. Esto va a terminar muy mal».

La voz interior está y te advierte, te susurra, te grita. Pero tú, como todo empático, pretendes generar con él un vínculo de por vida.

«Podemos ser amigos, aunque no seamos pareja», me dices.

«Sí, claro, por supuesto, ¿a quién no le gustaría tener un amigo que cuando se enoja, se frustra o se siente impotente te ahorca?», te respondo con ironía.

Y te ríes porque sabes, claro que sabes.

Y también duele darse cuenta, claro que duele.

Ya sé que estás deshojando la margarita (como le dije a una mujer que estaba separándose de un narcisista que la parasitaba, hace más de catorce años ya).

Tú también estás deshojando la margarita de este infierno que tiene momentos en que arde menos el fuego. Pero no tardes demasiado porque es peligroso, cuanta más tardanza, mayor es el enganche.

¿Recuerdas qué le respondió tu mamá de casi ochenta años la noche de Año Nuevo?

Él le dijo, falsamente servicial como siempre (metiéndose en las faltas del otro para volverse necesario):

«¿Quiere que la lleve a la casa de la playa? La llevo».

«No, gracias. No quiero deberte favores», respondió tu madre. Imagínate lo que le diría si supiera del «error»...

Hijos narcisistas

La crianza de hijos narcisistas

La crianza tiene un impacto en cómo los niños crecen, ganan y construyen su sensación de autoeficacia ante los distintos desafíos que se van encontrando, pero *¿qué sucede con los hijos que reciben una crianza narcisista?*

Si los padres y madres no distinguen entre necesidad y capricho y educan al menor como si él fuera el centro de todo, este crecerá creyendo que sus necesidades son más importantes que las del resto. En estos casos urge poner límites, enseñar a esperar e implementar estrategias para desarrollar la empatía del pequeño.

La personalidad narcisista ha sido ampliamente estudiada a lo largo de los años; sin embargo, actualmente sigue existiendo cierta falta de consenso teórico en lo referente al origen de este rasgo de la personalidad. Revisar las investigaciones que han intentado arrojar luz sobre los posibles orígenes del narcisismo puede ayudar a recapitular y sintetizar los hallazgos de investigación que respaldan las diferentes vías teóricas postuladas en los últimos años. Principalmente, se han encontrado dos grandes perspectivas teóricas en el estudio de los orígenes del narcisismo que han sido aceptadas en la comunidad científica: la teoría psicoanalítica y la teoría del aprendizaje social.

La teoría del aprendizaje social postula que el narcisismo se desarrolla por la constante sobrevaloración que hacen los progenitores de las características del hijo. Los padres, bajo esta teoría, ven a su hijo como más especial y con más derechos que otros. Necesitan destacar compulsivamente todos sus atributos. En consecuencia, los niños internalizan la creencia de ser únicos y merecedores de un trato privilegiado. La visión psicoanalítica (que surge con la obra de Freud en *Introducción al narcisismo* [1914]), en contraste, postula que el narcisismo se desarrolla a causa de una falta de atención, cariño y afecto de los padres hacia el hijo. Los progenitores muestran escaso aprecio al niño y puede percibirse que no disfrutan realmente de sus interacciones o tiempo juntos. Hay una verdadera falta de calor parental en la relación y un exceso de mensajes devaluadores. Estas dos grandes teorías han sido estudiadas a través de diferentes variables como, por ejemplo, la relación entre los diferentes estilos parentales (afecto parental, hostilidad parental, monitorización, permisividad, sobrevaloración parental) y el narcisismo. Como alternativas, han surgido algunas investigaciones que han aportado propuestas que van más allá de la teoría del aprendizaje social y la teoría psicoanalítica y ofrecen una visión distinta de estas dos vías teóricas claramente diferenciadas.

Por otro lado, a la hora de buscar las raíces del rasgo de personalidad narcisista, hay que tener en cuenta diferentes dimensiones del narcisismo propuestas por algunos autores, como son la dimensión adaptativa y la dimensión desadaptativa. Estos conceptos provienen de estudios que analizan el test NPI (*Narcissistic Personality Inventory*) y encuentran que el narcisismo está compuesto por cinco dimensiones, cuatro de las cuales son adaptativas:

- Liderazgo
- Autoridad
- Superioridad
- Arrogancia y egocentrismo

Y la quinta de las dimensiones es desadaptativa:

▶ Explotación de los demás

Dos de las dimensiones más mencionadas son la superioridad, que hace referencia a una visión más elevada y grandiosa de uno mismo sobre otras personas; y la explotación de los demás, que se refiere a una actitud manipulativa e instrumentalista del otro. La dimensión adaptativa del narcisismo ha sido definida como un tipo de narcisismo con ambiciones más saludables, una mayor sensibilidad por los estados emocionales de las otras personas y una idea de uno mismo coherente e integrada. Estas personas destacarán fácilmente en profesiones que requieran liderazgo, autoridad y desenvoltura en las situaciones sociales. A diferencia de las personas con alta autoestima, pueden ser excesivamente ambiciosos y tener preferencia por hacer y lograr los objetivos por sí mismos, antes que a través de la colaboración en equipo, pero su mayor sensibilidad con el entorno hace que no suelan ser objeto del rechazo que puede ser generado por la dimensión desadaptativa del narcisismo.

Por otra parte, la dimensión desadaptativa del narcisismo se caracteriza por la persecución de ambiciones relacionadas con la consecución de poder y por una menor sensibilidad hacia los estados emocionales y necesidades de los demás. Estas personas a menudo tienden a verse a sí mismas como superiores y en consecuencia relacionarse con los demás desde una actitud arrogante. Esta actitud de superioridad y visión inflada de sí mismos suele ocultar sentimientos de vulnerabilidad e inferioridad. El narcisismo desadaptativo se divide a su vez en: ***narcisismo abierto o grandioso y narcisismo encubierto o vulnerable***.

Los narcisistas de tipo abierto o grandioso son más exhibicionistas y agresivos, tienen una autoestima más alta que los narcisistas de tipo vulnerable. Son personas extrovertidas centradas en sí mismas que utilizan el enfado y la ira dirigida hacia otros como mecanismo de defensa para bloquear las críticas o los eventos negativos. Tienden a demandar la admiración y reconocimiento de su valía a otras personas, y suelen caracterizarse por una falta de empatía y una marcada tendencia a la instrumentalización del otro.

Los narcisistas de tipo encubierto o vulnerable son más defensivos, sensibles y ansiosos. Son introvertidos centrados en sí mismos, con mucha facilidad para vivenciar emociones negativas que los llevan a alejarse de los otros para protegerse. Tienden a sentir emociones de vergüenza, impotencia e inadecuación, y se esfuerzan por evitar las situaciones en las que creen que no van a ser admirados o incluidos por otras personas.

Un gran número de autores defienden que el origen de la personalidad narcisista empieza a gestarse en los primeros momentos del desarrollo, pero no es hasta alrededor de los ocho años cuando esta puede empezar a ser evaluada. A esta edad, la capacidad de razonamiento abstracto y autorreflexión del niño mejora y este comienza a formarse una imagen de sí mismo y de la manera en la que lo ven los demás. Estas habilidades son críticas para el desarrollo del narcisismo, porque con ellas nace el deseo de sentirse válido y apreciado como persona. El desarrollo de rasgos de la personalidad narcisista puede diferenciarse porque estas personas buscan y necesitan ser aceptadas y valoradas en un grado mucho mayor que otras. Un alto porcentaje de esa imagen que el menor empieza a integrar sobre su propia identidad proviene de los mensajes procedentes de su entorno y las comparaciones de sí mismo con otros individuos. Las características mencionadas hacen que las diferencias individuales de la personalidad narcisista comiencen a emerger a los ocho años, por lo que a esta edad es cuando empieza a poder evaluarse este rasgo de personalidad en el menor.

A la pregunta habitual sobre si existe alguna influencia biológica en el origen del narcisismo, se puede responder con investigaciones como la de Thomaes et al. (2009), que proponen que las personas con narcisismo tienen una predisposición orgánica temperamental y que experiencias negativas concretas producidas en la etapa de socialización podrían interactuar con estas características temperamentales y favorecer el desarrollo del narcisismo. Asimismo, Holtzman y Donnellan (2015) apoyan la teoría de la existencia de una base genética en la etiología de la personalidad narcisista, a la que recomiendan prestar especial atención. Según estos autores, una combinación de múltiples genes podría estar detrás del surgimiento de este rasgo de personalidad, de forma que estos factores genéticos interactúen con condiciones externas al sujeto, como el medio ambiente o la experiencia de socialización, para dar forma al fenómeno narcisista.

Consentir a los hijos (darles todo lo que quieren) parece tener una influencia importante en el desarrollo de la personalidad narcisista de los individuos, así como también la indulgencia excesiva, que consiste en la gratificación y satisfacción sistemática de los deseos de otra persona, sin requerir de ningún esfuerzo por su parte. Con este tipo de interacciones, el hijo aprende a pedir siempre sin dar nada a cambio y puede desarrollar tendencias egoístas y explotadoras de los demás, creyendo que tiene más derechos que otras personas y es merecedor de más privilegios. La permisividad excesiva, que supone consentir que otros actúen libremente con independencia de cómo puedan afectar sus acciones a los demás, incluyendo la transgresión de normas sociales y los derechos de otros, promueve los sentimientos de grandiosidad en el menor, que piensa que tiene derecho a hacer cualquier cosa que considere oportuna.

Por último, la sobreprotección, que se da cuando una persona evalúa situaciones como peligrosas o perjudiciales con una frecuencia mucho mayor o de una forma distorsionada y pretende proteger a la otra persona de todas ellas sin que realmente constituyan ningún peligro real, hace que el menor pueda crecer con ansiedad ante los acontecimientos del mundo que le rodean, sobre todo aquellos que suponen incertidumbre. Este estilo de relación basada en la sobreprotección puede propiciar el desarrollo del narcisismo de tres maneras:

- La constante atención y sobreprotección parental pueden suponer que el menor interiorice que es merecedor de una atención y un trato especial de las otras personas.
- Los continuos estados de alarma de los padres pueden hacer que el hijo se torne excesivamente cuidadoso con su propia seguridad y bienestar.
- El aislamiento de los menores y la tendencia a mantenerlos a salvo, alejados de cualquier posible peligro, pueden llevar a que tal distanciamiento de los demás suponga que estén excesivamente centrados en sí mismos y no aprendan a tener en cuenta las necesidades de los demás.

¿Cómo actuar con un hijo narcisista adulto?

Ese hijo al que conoces desde el inicio de su vida se vuelve un desconocido capaz de despreciarte, descalificarte, castigarte con el silencio, depositar sobre ti todas sus inseguridades y frustraciones, maltratarte verbalmente. Has vivido con él la mayor parte de tu vida, pero en su adultez se vuelve un extraño, una persona que no te gusta, y comienza la rumiación de la culpa: ¿Qué he hecho mal? Tu hijo narcisista trata de hacerte sentir culpable y lo consigue. No es posible dialogar con él, solo ataca y se vuelve amenazante para imponerse, no escucha nada de lo que digas y se mantiene en sus propias razones.

No puedes permitir que tu hijo te falte el respeto, pero tampoco quieres alejarte de él y cortar el vínculo.

¿Qué puedes hacer entonces?

Es innegable que gestionar la relación con un hijo narcisista adulto puede resultar un desafío. Sin embargo, hay ciertas pautas orientadoras que pueden ayudarte.

1. Establecer límites: es importante establecer límites claros y firmes con un hijo narcisista. Es importante ser coherente y mantener los límites, aunque tu hijo se enfade o intente manipularte.
2. Comunicarse de manera efectiva: tratar de comunicarte con tu hijo de forma clara, directa y objetiva. Hablar sobre tus sentimientos y necesidades.
3. Mantener el contacto: tu hijo narcisista adulto puede ser difícil de tratar. Sin embargo, es importante mantener algún tipo de contacto. Mantenerte en contacto, pero estableciendo límites claros.
4. Buscar ayuda profesional: considera la posibilidad de buscar ayuda profesional. Un terapeuta puede ayudarte a entender la dinámica de la relación y a encontrar maneras de mejorarla.
5. Ejercita el autocuidado: es necesario cuidarse a sí mismo cuando se tiene un hijo narcisista adulto. Tener relaciones positivas con amigos y familiares es de gran ayuda.

Pautas de crianza para evitar la formación de un hijo narcisista

Un niño narcisista no nace, se hace. Y la mayoría de las veces es responsabilidad de los padres. Tu hijo se vuelve un narcisista cuando recibe una sobrevaloración en su infancia por tu parte o por parte de algún adulto que está en constante convivencia con él. No le hagas creer que él merece y lo vale todo porque deberá vivir en una sociedad y tiene que estar preparado para tratar a los demás con el mismo sentido humanista con que él desea ser tratado.

1. Motívalo para el despliegue de su potencial sin olvidarte de enseñarle la humildad como un valor. Bríndale reconocimiento a sus logros, pero enseñándole que él no es mejor que otros.
2. Elimina los privilegios exagerados. Es importante que tu hijo no se sienta por encima de sus compañeros.
3. No permitas agresiones ni maltratos de ningún tipo. Bajo ninguna circunstancia se les puede permitir la crueldad. Es preciso que tu hijo aprenda a ser asertivo. Es normal un poco de agresividad a medida que se desarrollan, especialmente con los niños de su misma edad, pero es necesario trabajar con tu hijo la empatía como actitud. No le permitas maltratar a las mascotas o jugar con ellas como si fueran objetos porque son seres vivos que sienten emociones y dolor.
4. Acéptalo incondicionalmente como persona. La base de una confianza segura y de una buena autoestima infantil es la aceptación. Tus hijos necesitan saber que son amados y aceptados como son. Pero eso no significa no corregirlo cuando comete un error.
5. Enséñales que sus actos tienen consecuencias.

No intentes rescatarlo cada vez que lo veas frustrado cuando algo sale mal. Si no ha estudiado lo suficiente y ha suspendido, no vayas a la escuela para hablar con el docente y persuadirlo de modificar su evaluación.

Relatos de consulta II

Jeremías (quince años)

Apenas se asomaba a sus quince años y ya tenía un dominio absoluto sobre su familia, compuesta por padre, madre y una hermana menor. Llegaron a la consulta todos juntos y Jeremías, antes que ningún otro miembro de la familia, se sentó en mi sillón (el mismo estaba ubicado frente a una mesa baja rectangular, sobre la cual había un reloj, una caja de pañuelos de papel y caramelos de menta, quedando del otro lado de la mesa todos los demás sillones). Jeremías, sentado en mi sillón, esperaba a que los demás nos ubicáramos. Sus padres (cercanos a los cincuenta años) no lograban definir dónde sentarse y su hermana (una adolescente dos años menor que Jeremías) se encontraba retirada del espacio del consultorio sin atreverse a dar un solo paso y con la mirada hacia abajo. Les pedí a los padres que por favor tomaran asiento y con gran indecisión sobre qué sitios elegir finalmente se sentaron. Le pedí a la hermana de Jeremías que por favor se acercara y tomara asiento, y me dijo que prefería quedarse alejada porque a Jeremías no le gustaba que ella estuviera presente. Le pregunté a Jeremías si esto era así y este lo afirmó sin dudarlo. Le pedí a su hermana que por favor se acercara porque era parte de esta familia y la consulta era familiar y estábamos en mi espacio de consulta, por lo cual Jeremías no tomaba decisiones allí. Se acercó temblorosa, mirando a Jeremías fijamente a los ojos como pidiéndole perdón y tomó asiento bajando la mirada.

Finalmente le pedí a Jeremías que eligiera otro sitio para sentarse porque ese era mi sitio y al no saberlo lo había ocupado. Sin mover un solo músculo me miró desafiante y dijo: «¿No me puedo sentar aquí?». Mi respuesta fue «No». Visiblemente molesto y ofuscado, con movimientos lentos y pesados intencionadamente, movilizó su cuerpo hasta ponerse en pie, con el rostro expresando su malestar. «¿Dónde me tengo que sentar?», preguntó lacónico y hostil. «Donde quieras menos en mi sitio», respondí sonriendo. Sus padres miraban la escena sin decir una sola palabra, mientras su hermana no levantaba siquiera la vista del suelo. Miró durante un momento los sitios disponibles y le dijo al padre: «Déjame sentar al lado de mamá», y su padre, sin ninguna objeción, se levantó, le cedió el sitio al lado de su esposa y se ubicó en otro sillón frente a su hija, que continuaba mirando el suelo. En ese instante miré a la madre de Jeremías y ella miraba a su hijo sentado a su lado, sonriendo con ternura. Jere no la miraba. De hecho, no miraba a nadie, solo a mí con actitud desafiante.

Cuando todos estuvieron ubicados en sus sitios pregunté quién quería comenzar y Jere dijo que él quería decir que estaba cansado de soportar que sus padres, en lugar de invertir su dinero en lo importante, que eran él y sus intereses, gastaran dinero en los caprichos de su hermana. Tomé nota de aquello y pregunté si alguien quería decirle algo. El padre dijo: «Jere, no es así». Pero no pudo continuar porque Jeremías, levantando la voz, dijo: «Sí es así, os gastáis el dinero en los caprichos de Iara, que son gilipolleces sin importancia». La madre cambió su postura corporal y dijo: «Jere, no es así, nosotros invertimos mucho en ti, te damos todo lo que quieres y a Iara solo alguna tontería».

Sin duda, el tirano había establecido su poderío con firmeza. Pregunté a Iara si tenía algo que decir y sin levantar la vista del suelo movió la cabeza indicando que no. Nadie se atrevía a contrariar al tirano y además le brindaban explicaciones a sus reclamos. El tirano de quince años era quien indicaba a quienes generaban el dinero con el cual lo mantenían en qué debían invertirlo y ellos le rendían cuentas. Algo funcionaba muy mal en esa familia, las jerarquías estaban alteradas, los roles no estaban claros y las funciones materna y paterna desdibujadas. Tiranizados por su primer hijo, el padre le cedía su sitio, la madre le aseguraba que él era la única inversión que les interesaba y la hermana era invisible para todos. ¿Cómo había llegado al poder Jere? ¿Quiénes le permitían ejercer su tiranía mientras aceptaban su posición de súbditos? ¿Quién estaría dispuesto a pagar el coste de volver a Jeremías a su posición de hijo?

Estas dudas se despejaron un día en que el padre de Jeremías expresó que su hijo estaba por quedarse libre a pocos meses de comenzado el año porque no le gustaba levantarse por la mañana. Esto despertó la furia de Jere, quien sin darle tiempo a terminar le respondió a su padre: «Esa manía de levantarte temprano la tienes tú, es tu problema levantarte como un idiota todos los días a las siete de la mañana para llegar temprano con todos los otros soldaditos que son todos unos imbéciles». El padre me miró, esperando que yo hiciera o dijera lo que él no podía. Miré a la madre y le pregunté si tenía algo que decir sobre esto y ella, sonriéndole con complicidad, simplemente dijo: «Ay, Jere, eres terrible».

Estaba claro quién lo había convertido en un tirano.

Juani (diecisiete años)

Sus padres estaban separados y no había comunicación entre ellos. Juani llegó a nuestro primer encuentro con su madre y ella le dijo que estaría esperando fuera, en el coche, en la esquina, que en cuanto fuera a bajar le mandase un mensaje. Cabe aclarar que mi consultorio se encuentra ubicado en un edificio sobre una importante avenida en una cotizada zona de la Ciudad Autónoma de Buenos Aires. Le dije a la madre que se quedara tranquila, ella me lo agradeció y, mientras esperábamos la llegada del ascensor a la planta baja, seguía mirándolo a través del vidrio de la puerta de entrada al edificio.

Juani era un adolescente de clase media acomodada, simpático y de muchos amigos, aunque sin ningún tipo de disciplina. Faltaba mucho al colegio, suspendía muchas materias todos los años, tenía un interesante pozo acumulado de materias previas por aprobar y había finalizado quinto año, pero no estaba dispuesto a estudiar para superar las ocho materias de ese año que se había llevado ni las dos previas del año anterior. Con una sonrisa y total despreocupación, me dijo claramente: «No las voy a aprobar, me da mucho palo». Para él no tenía ningún sentido terminar la secundaria porque tampoco tenía pensado seguir estudiando, consideraba que para ganar dinero no era necesario estudiar y su único objetivo era ese. Miró detenidamente las paredes de mi consultorio, donde estaban los títulos universitarios y certificaciones de posgrado, y me dijo con mucha simpatía:

—Buaa, ¿todo eso has estudiado?

—Sí, claro —le respondí.

—¿Cuántos años te llevó estudiar todo eso?

—Muchos. De hecho, llevo toda mi vida estudiando, incluso ahora mismo lo sigo haciendo.

—Uala —respondió. Se hizo un silencio, que sostuve hasta que Juani volvió a hablar—. Si tuvieras mucha pasta no estarías a estas horas trabajando. Al pedo estudiar, yo ni pienso, voy a hacer negocios y a tener gente que trabaje para mí mientras yo no hago nada y gano pasta.

Se hizo nuevamente un silencio, que esta vez interrumpí preguntando:

—¿Ese es tu proyecto de vida, no hacer nada y ganar pasta?

Evidentemente convencido, me dijo:

—Claro, poner gente que trabaje para mí, negocios...

—Muy bien, ya tienes resuelto tu futuro, ¿en qué puedo ayudarte entonces?

Se sentó en la punta del sillón y acercándose corporalmente bajó la voz y me dijo:

—Necesito que me ayudes a convencer a mi madre para que ponga mil euros para comprar el título de secundaria. Ya lo he averiguado todo, tengo el contacto en el colegio, es el que me vende las flores de marihuana, ¿sabes qué son, no? Trabaja dentro y por mil euros te consigue el título, todo firmado, todo legal, eh... Cero trucho, todo comprobado. Lo quiero tener para el currículum, nada más, para los pringaos y los ingenuos, pero necesito que mi vieja me apoye en esto y me ayude con la guita para ponerme el negocio que quiero, lo tengo todo pensado. Tú me puedes ayudar a convencerla, dile que es para que yo tenga un futuro y todo ese rollo, y mi vieja me lo va a pagar. Mi vieja me lo paga todo.

Él sabía muy bien cuál era su objetivo y a quién necesitaba como vehículo para lograrlo. Mi palabra era el instrumento que necesitaba para hacerse con el dinero de su madre. Mi palabra y su dinero eran los medios para alcanzar su fin.

¿Quiénes le habían enseñado a Juani que los caminos eran tan cortos y fáciles? Era obvio que eso había llevado un proceso y necesitaba conocer cómo había sido. Para ello era necesario convocar a sus padres, juntos o por separado, aunque sin duda eran ellos quienes necesitaban ayuda primero.

Cordelia (trece años)

Transcurría el mes de agosto y mi agenda estaba cerrada hasta octubre, no quedaban horarios disponibles ni siquiera para una entrevista. Paula, mi secretaria, lo sabía y tenía la indicación de consultarme si surgía alguna situación especial a considerar.

La madre de Cordelia parecía ser una situación especial a tener en cuenta. Mi secretaria me explicó que había escrito varios mensajes y que, a pesar de hacerle saber que mi agenda estaba cerrada, insistió amable pero desesperadamente en tener una entrevista conmigo en cualquier día y horario que yo dispusiera y en cualquier modalidad (presencial u online). Una colega cuya especialidad no es familia y por quien tengo un especial aprecio le había dado referencias mías. Ante la insistencia y la preocupación que Paula percibió por su hija de trece años y siendo remitida a mí por esta colega, decidí brindarle una cita fuera de agenda y de mis horarios de atención en modalidad presencial un sábado a las nueve de la mañana.

La madre de Cordelia llegó puntual, con una actitud de gratitud por la excepción y los ojos bañados en lágrimas. Subimos en ascensor los dos pisos que separan la planta baja de mi consultorio y mientras ella tomaba asiento le acerqué un vaso de agua y me senté enfrente. «Estoy desesperada», dijo con la voz temblorosa y entrecortada. Le propuse hacer un ejercicio de respiración consciente y aceptó con gusto y buena disposición. Se la veía angustiada, asustada y a la vez aliviada de estar donde estaba. Cuando la percibí respirando mejor y más serena le pregunté si se sentía en condiciones para poder hablar y dijo que sí con una sonrisa. No dejaba de agradecerme el espacio, la calidez, la ayuda.

Finalmente pudo comenzar su relato y refirió que tenía una preocupación tremenda por su hija Cordelia, de trece años, que había iniciado su primer año de secundaria en un nuevo colegio. El cambio había sido una decisión familiar con el acuerdo de Cordelia porque no resistía la doble jornada y no querían que llegara cada día tan agotada. Estaban muy conformes con el nuevo colegio, era pequeño, los cursos tenían no más de quince alumnos por grupo y había sido muy bien recibida, pero a cinco meses de iniciado el año aún no había hecho amigos y eso la angustiaba. No salía al patio, prefería quedarse sola en el aula y durante todos los recreos le escribía a su madre por WhatsApp y mantenían conversaciones diarias. Me preguntó si podía mostrarme las conversaciones porque eso era lo que le preocupaba. Acepté leerlas y de inmediato comprendí su preocupación.

Cordelia le escribía a su madre:

—¿Mamá, estás ahí?

—Lo estoy pasando muy mal.

—Nadie me habla.

—Estoy sola en el aula.

—No me siento parte de nada.

—No tengo con quién hablar, solo te tengo a ti.

—Háblame.

—No soporto más estar aquí.

—Me quiero ir.

—Ven a buscarme.

—Quiero irme a casa.

—Esto es una tortura.

—No sé qué hago aquí.

—Me quiero ir a casa.

—No puedo respirar bien.

A cada uno de estos mensajes, su madre le respondía.

—Tranquila.

—Todo va a estar bien.

—No te quedes en el aula con el móvil.

—Sal al recreo y acércate a algún grupo.

—Trata de hablar con alguien.

—Si te quedas encerrada hablando conmigo nunca vas a poder relacionarte con nadie.

—¿Por qué no puedes respirar?

—¿Qué sientes?

—Bueno, tranquila, te voy a buscar y nos vamos a casa.

Cuando por fin su madre iba a buscarla, Cordelia se subía al coche angustiada y decía sentirse mal; entonces su madre, para compensar tanto «sufrimiento», la invitaba a comer a una conocida cadena de hamburguesas con la esperanza de que aquella cajita le devolviera a Cordelia la felicidad, al menos hasta el siguiente día.

De hecho, la cajita mágica lograba su efecto, pero solo duraba algunas horas, porque Cordelia a la mañana siguiente ya se negaba a bajar del automóvil de su madre y se resistía a entrar al colegio, en un mar de lágrimas y diciendo que no podía respirar y que quería volver a su casa. Su madre no lograba que bajara del coche y entonces recurría a las autoridades del colegio (rectora y psicopedagoga), que se acercaban para tratar de persuadirla, sin ningún resultado. Y así Cordelia obtenía una nueva compensación comprando algo que le gustaba de camino a casa para aliviar el momento angustiante que había vivido.

Esta dinámica llevaba meses, alternándose entre ir a buscarla a media mañana y negarse a bajar del automóvil, sin que ningún adulto encontrara recursos para resolver la situación. Por esa razón la madre de Cordelia estaba desesperada.

Pregunté por el padre de Cordelia ya que no había sido nombrado en todo el relato y parecía no formar parte de este sistema familiar. «Viaja mucho por trabajo» fue la breve respuesta.

Teníamos entonces a una madre criando sola y sobreprotegiendo a su hija sin saber cómo establecer límites ni cómo brindarle recursos para resolver situaciones de socialización propias de su etapa vital y un padre periférico. Una madre que tenía una empresa que llevaba adelante en su casa y vivía centrada en su única hija, sobreprotegiéndola para evitarle cualquier «malestar» pero sin brindarle recursos para resolver situaciones naturales y propias de su edad.

La madre de Cordelia se sentía abatida y no sabía cómo salir de la encerrona en la que ella misma se había colocado.

Le pregunté:

—¿Por qué le respondes los mensajes de WhatsApp que te envía en horario escolar? Si algo de gravedad sucediera, las autoridades del colegio se comunicarían contigo para hacértelo saber.

Respondió:

—Tengo miedo de que se haga algo malo. Cada vez que no accedo a algo que ella quiere me dice que le estoy arruinando la vida y que prefiere no estar más, y entonces termino negociando por miedo a que se lastime. Algunas veces tardo unos minutos en responderle un mensaje de WhatsApp y me deja audios diciéndome que no me importa lo que le pasa y que no estoy pendiente de ella sino de mis cosas. Me siento culpable, esa es la verdad, y tengo miedo de que se haga algo malo y ser la responsable.

Una joven tirana se estaba gestando con fuerza mientras su madre retrocedía por miedo y culpa. Su padre ausente solo cumplía como proveedor y esperaba que Cordelia quedara bajo el exclusivo cuidado de su madre.

Ezequiel (cuatro años)

Ser citada por las maestras del colegio fue el detonante de Carla y lo que motivó su consulta de orientación familiar, a la cual asistió con su esposo, quien no estaba de acuerdo en hacerla, aunque, ante su insistencia, la acompañó de todos modos.

Al abrir la puerta noté que cada uno estaba alejado del otro y con la vista fija en su móvil. Asistían juntos, pero parecían extraños. El padre, Fernando, de pocas palabras y gesto distante. Carla, sin embargo, no dejaba de hablar con un volumen que resonaba en todo el edificio, casi diría que gritaba. Ella gritaba y Fernando permanecía inmutable, como si no la escuchara. Ya en el consultorio, tomaron asiento y mientras ella se atragantaba con sus palabras en un intento por decirlo todo en segundos, él recorría con su mirada cada título colgado en la pared.

—¡Fernando! ¿Estás aquí? —gritó ella. Y mirándome con gran agitación me dijo—: Esto es así siempre.

Fernando seguía en su mundo. Entonces pregunté:

—Esto es así... ¿cómo?

Carla lo golpeó con un manotazo en el brazo y Fernando volvió a conectar con la situación.

—Así, yo ocupándome de todo y él en su mundo. Tenemos un tema con nuestro hijo Eze. Él es un chico pandémico, nació y enseguida empezó la pandemia y, bueno, le di pecho hasta casi los tres años y medio, duerme con nosotros en la cama y le está costando dejar del todo los pañales y, bueno, está un poquito atrasado con el lenguaje, aunque es normal por la pandemia. Ahora las maestras me citan y me salen con que el niño no tiene autonomía y eso no es así, mi hijo es autónomo, pero ellas dicen que no observan eso. En casa tiene autonomía, yo lo pongo en mi dormitorio a comer con su mesita y la tele mirando a Pepa y él come solo y se queda ahí. No sé qué pretenden con esto de la autonomía. Montan un escándalo porque no lleva solo su mochila o porque la escalera de entrada al colegio la hace a upa del padre. Me parece un poco exagerado. Es un tema de practicidad, nada más. Y el lenguaje, bueno, no sé, te muestro vídeos, se le entiende perfecto como habla. Además, es varón y se desarrollan después que las niñas, y él además es el más chiquito. Nada, en fin. El problema es otro y es que el padre no le pone límites porque dice que es chico.

Tomó agua y finalmente hizo una pausa para respirar. Aproveché la referencia al papá para preguntarle a Fernando qué opinaba de lo que había dicho su mujer.

—Es chico para límites —dijo sin mayor preocupación. No logró decir nada más porque Carla levantó su voz.

—Ya te darás cuenta de su opinión. Ezequiel me pega a mí, le pega a él y él nada. Todo lo tengo que hacer yo. De paso te pregunto: ¿hay alguna juguetería por aquí cerca? Porque todos los días hay que comprarle algo para que no agarre un berrinche y ya sé que está mal, pero mis padres, los abuelos, lo han acostumbrado así y yo no voy a ser la mala que le diga que no, que se ocupe su padre. Yo ya bastante hago. No trabajo, me dedico a mi casa y mi hijo, me ocupo de la señora que viene tres veces por semana para ayudarme, de la niñera que viene porque Eze la adora y lo cuida desde bebé, hago el pedido de la verdulería, la panadería, la carnicería, lo recibo en casa, me ocupo de todo. Igual como padre es un padrazo, no tengo nada que decir. Bueno, ¿en qué estaba? Ah, sí, en el tema este del colegio, no sé, venimos para que nos digas qué podemos hacer.

Fernando miraba por la ventana de la consulta hacia la avenida y al preguntarle su mirada sobre la situación me dijo:

—¿Se puede aparcar en esta avenida? Tengo miedo de que me pongan una multa...

Juana (catorce años)

Eran apenas las 14 horas y no había terminado de sentarse en mi consultorio para comenzar el encuentro, pero en su teléfono no dejaban de entrar mensajes, uno tras otro, con un sonido penetrante que era imposible sobrepasar con la voz. Se disculpó para poder mirar quién los enviaba, hizo un gesto de agotamiento y mientras se dejaba caer hacia atrás sobre el respaldo del sillón dijo:

—Lo pongo en modo avión, es Juana.

Juana era su hija de catorce años, que en un mes cumplía quince y tendría su fiesta en un salón ubicado en Puerto Madero al que asistirían 350 invitados. Juana estaba impaciente por definir cuántos cambios de vestuario tendría durante «su noche», como ella la llamaba. Mónica, su madre, estaba exhausta y así lo expresaba:

—No sabemos cómo manejarla, está fatal, ayer nos dijo al padre y a mí que mínimo quiere dos cambios de vestuario, aunque lo ideal serían tres. Es un delirio, pero llegados hasta aquí, que haga los cambios de vestuario que quiera, total, con la fortuna que nos hemos gastado.

Mónica estaba resignada: la tirana adolescente había conseguido su objetivo, todo le sería concedido y ella lo sabía, por eso tiraba cada vez más de la cuerda, a sabiendas de que no se cortaría.

Juana no conocía el «no» y menos la frustración. Su madre acostumbraba repetir esta frase: «Ella no acepta un no como respuesta», y lo decía con cierto orgullo, como si se tratara de una virtud.

Su noche les depararía a Juana y a su madre una experiencia difícil. Llegó el día y la adolescente esperaba ansiosa en la zona del salón asignada a que fueran llegando su peluquero para peinarla, la diseñadora del vestido principal para vestirla y la maquilladora con la que había realizado la prueba de maquillaje hasta llegar al que llevaría esa noche, pero algo sucedió. Mónica recibió un mensaje en su móvil en el cual la maquilladora le avisaba de que su padre había tenido un infarto y había fallecido hacía una hora, y que lamentablemente no había podido avisarla antes: no podría maquillar a Juana y no estaba en condiciones de buscar un reemplazo.

Mónica entró en desesperación al imaginar lo que esta noticia provocaría en Juana, por lo que le ofreció todo y más, desde pagarle dos veces el valor del trabajo, mandarle un coche a buscarla y que luego la devolviera, incluso pagarle en dólares. La maquilladora había perdido a su padre y no se encontraba en condiciones de negociar para evitar la frustración de Juana. Mónica no se encontraba en condiciones de frustrar a Juana, porque jamás lo había hecho, y Juana no estaba en condiciones de aceptar un no en «su noche». Mónica y Juana estaban en problemas. ¿Cómo afrontaría Mónica la reacción de Juana ante la frustración? ¿Con qué recursos contaría Juana para aceptar la frustración? El estallido de ira parecía inminente cuando su madre se encaminó hacia la habitación donde estaba su hija y le informó de la situación. Juana explotó en llanto y una crisis de furia se apoderó de ella:

—¡A esta zorra hija de puta no se le podía morir el padre otro día! ¡Justo en mi noche tenía que palmar! ¡Consígueme a alguien ya, mamá, págale lo que sea, sácala de cualquier lado!

Su Majestad, la Reina de la Noche, había dado una orden a su esclava y ella tendría que satisfacer a la tirana. Seguramente esta vez no estaría tan orgullosa de esta Juana que no aceptaba un no como respuesta, ni siquiera el que le imponía la muerte.

Juana era pura tiranía.

Axel (veintitrés años)

Sus padres se habían separado hacía ocho años con un divorcio destructivo en todas las formas posibles y su madre se había quedado viviendo con él en la casa familiar, una vivienda inmensa enclavada en uno de los más exclusivos barrios privados de la zona norte. El deterioro de la situación económica impactaba sobre Axel y su madre, quien nunca había trabajado fuera de casa, con un padre que cumplía de forma extorsiva con la cuota alimentaria (cuanto más en contra de su madre se posicionara Axel, mayores beneficios económicos obtenía de su padre). En medio de una turbulenta adolescencia, Axel fue cediendo a la alianza con su padre buscando obtener beneficios económicos que le permitieran continuar perteneciendo a un entorno en el cual «no tener» significaba «no ser» (por lo menos «no ser parte»). Alexia, su madre, no estaba dispuesta a trabajar porque consideraba que ya no tenía una edad propicia para desempeñar tareas para las que nunca se había preparado, tras haber dedicado su vida a su ideal de familia (el cual había estallado ante sus ojos en mil pedazos).

La situación era compleja. Axel asistía a un colegio bilingüe que se encontraba dentro del mismo barrio privado y si bien las cuotas se acumulaban en saldo deudor, la dueña del colegio conocía a la familia y les daba plazo y planes de pago para que el adolescente no perdiera también su ámbito escolar y su entorno de amigos.

Axel no era un alumno destacado ni dedicado, tampoco era brillante por naturaleza, por lo que, a pesar de las bondades que se le procuraban para hacerlo pasar de año, finalmente no terminó quinto año y quedó debiendo materias que nunca aprobó (expresando, además, como toda gratitud a lo recibido, que terminar la secundaria era para imbéciles fracasados mediocres y que él no necesitaba terminar el colegio para «hacer pasta», único proyecto de su vida según vociferaba abiertamente). Alexia entendió que con dieciocho años ya no había nada más que ella pudiera hacer por él y que se dedicaría un poco a ella, a sus clases de tenis y torneos de golf sin interferir en las decisiones de su hijo. Así fue como Axel, con los estudios sin terminar, recibió como premio de su padre un coche de alta gama con cuatro círculos entrelazados al frente coronando una sentencia profética «Obtendrás todo lo que quieras sin tener que hacer ningún mérito para alcanzarlo».

A los pocos meses, Axel era detenido en su coche, alcoholizado y drogado, tras provocar un trágico accidente en Panamericana. Esta vez no fue la dueña del colegio del barrio privado quien lo ayudó a no hacerse responsable de las consecuencias de sus actos sino un juez amigo de su padre, quien recibió una llamada en la madrugada. En pocas horas, Axel dormía plácidamente en la cama de su cuarto, en el edificio de Puerto Madero en el que vivía su padre desde el divorcio.

> *Hacete amigo del juez, no le*
> *des de qué quejarse pues*
> *siempre es bueno tener*
> *palenque donde rascarse.*

Estas fueron las palabras con las que el padre de Axel lo despertó a la mañana siguiente para invitarlo a desayunar a un conocido hotel de Puerto Madero y felicitarlo porque ya estaba todo resuelto y el fiscal desactivado.

—Tú tranquilo que papaíto se ha ocupado de todo —le dijo satisfecho sintiendo que había cumplido con su deber de padre.

Axel había llegado a la mayoría de edad y empezó a progresar económicamente de una manera asombrosa, sin haber terminado el colegio y sin trabajar de nada concreto. Alexia estaba extasiada por el crecimiento de su hijo, que se dedicaba a «hacer negocios», una actividad tan vaga y poco específica como aparentemente rentable. El crecimiento de Axel era exponencial y se ocupaba de hacerlo evidente. Sin embargo, ninguna persona del entorno terminaba de creer que esos negocios fueran lícitos.

Axel fue detenido el año pasado en el marco de una causa penal por estafa y volvió a ponerse en marcha la cadena de favores debidos a su padre por parte de abogados penalistas, fiscales y jueces para eludir una vez más las consecuencias de sus actos.

En esta ocasión los favores solicitados eran demasiado grandes y dejaban en deuda a los contactos con terceros. La cadena se cortó y Axel finalmente está cumpliendo su condena en el pabellón evangélico de un conocido centro penitenciario. Ese favor pudo conseguirlo su padre. Axel empezó a estudiar en prisión la carrera de Derecho. Les dijo a sus padres que aprovecharía el tiempo de cumplimiento de condena para hacer las cosas mejor cuando saliera. Su conclusión fue que debía conocer mejor la ley para transgredirla sin consecuencias. En 2030 probablemente estará haciendo nuevos negocios sucios que parezcan limpios. Su padre ya le prometió su propio apartamento en Puerto Madero para cuando salga como abogado.

Alexia siente que la detención fue providencial para que su hijo fuera «todo un profesional» y le preocupa la mirada enjuiciadora de sus amigas del barrio, que la miran con recelo y ya no la convocan a los torneos de golf ni la invitan a los almuerzos de los jueves en el House de Tenis.

—Mi hijo no es un delincuente, a veces los negocios salen mal —me dijo con lágrimas en sus ojos.

Ella le quería creer, aunque nadie lo hacía.

Axel mentía, defraudaba, jugaba sucio, hacía trampas, negociaba de forma oscura dinero que después necesitaba blanquear.

Era un excelso manipulador y un oscuro estafador disfrazado de joven empresario.

Su madre lo defendía pese a la evidencia de la mentira, como siempre había hecho. Axel era su obra maestra.

DAE:
Derecho de autocuidado emocional

El derecho al autocuidado emocional lo tiene todo ser humano por el hecho de ser persona. Respecto a la temática que aborda este libro se ejerce a través de la información y la educación sobre este tipo de personalidades.

Identificar las banderas rojas *(red flags)*

Es clave que aprendas a reconocer las banderas rojas que constituyen los rasgos abusivos y antisociales, además de todas las estrategias de manipulación y mecanismos de defensa proyectivos que utiliza el narcisista (para que no consiga su objetivo de hacerte sentir culpable de lo que le pertenece).

Tienes que aprender a identificar las banderas rojas con rapidez y no dudar en retirarte cuando las detectes (no se trata de esperar a ver si aparece una y otra y otra más para decidir salirte del vínculo). Si te quedas, las banderas rojas dejan de funcionar como estrategia de escape, pierden efecto por tu necesidad de no ver lo que es.

Una estrategia de escape tiene que ser efectiva cuando se trata de una relación que pone en peligro tu integridad física y tu salud mental. Una bandera roja es una alerta que indica prudencia. Dos banderas rojas son una señal que indica prepararse para salir del vínculo y una tercera bandera roja es una alerta de peligro que indica no avanzar.

Y no avanzas ni un paso más. Es momento de escapar de esa relación antes de que sea tarde y el daño esté causado.

Activar las líneas rojas personales

Las líneas rojas personales son esas líneas que demarcan la zona protegida en la que nos sentimos a salvo. Son nuestro espacio personal seguro. Esas líneas rojas están dentro de nosotros y nos gritan cuando alguien que percibimos como un peligro o una amenaza se acerca demasiado a ellas con intención de sobrepasarlas o bien cuando las ha cruzado, avasallando nuestra seguridad personal.

Esas líneas rojas personales deben estar activas porque son nuestra intuición gritando (con estados de ansiedad, de alerta, con síntomas físicos como dolores corporales o insomnio) que alguien está avasallando nuestro espacio de seguridad. Mantener activas nuestras líneas rojas personales internas es una estrategia de escape, que junto a la identificación de las banderas rojas te sacan rápidamente de la zona de peligro de una relación de abuso narcisista.

Trabajar el miedo al abandono

Buscar ayuda profesional para trabajar con tu miedo al abandono forma parte de las estrategias de escape efectivas, porque la táctica de manipulación del abusador narcisista es amenazar con el abandono de manera constante. Lo hará de forma explícita o encubierta (puede decirte explícitamente que sin él no eres nada, que tiene oportunidades diarias que rechaza con otras personas, o bien puede mostrarte todo lo que hace por ti e instalarte la duda sobre tus posibilidades de volver a encontrar a alguien como él/ella). Esto hará que vivas en estado de hipervigilancia a causa de los celos que el abusador provocará en ti, mostrándote que es tu único pilar y que estás sola (o) sin él /ella.

Trabajar el miedo a la soledad

El abusador narcisista (tu perpetrador) se va a ocupar de que te sientas y creas que es el único en el mundo para ti. Te va a aislar de todas las personas que puedan ser tus aliadas y tu red de sostén y contención. Durante este proceso te vas a percibir solo/a y vas a empezar a creer que estás en un error si pensaste en terminar esta relación. Tu mente está secuestrada y no puedes pensar con claridad porque el miedo a la soledad y el aislamiento que tu perpetrador generó te hacen aferrarte a él como si fuera tu única posibilidad de no quedar en soledad.

Trabaja tu miedo a la soledad como estrategia de escape a tiempo para poder soltar sin temor de caer a un vacío desolado de absoluta soledad.

Trabajar los sentimientos de vergüenza

Si estás siendo víctima de un abuso narcisista seguramente sientas vergüenza por tu situación y es probable que ni siquiera te puedas dar cuenta en este momento de que es eso lo que estás sintiendo. Es posible que al no poder darte cuenta y hacer consciente ese sentimiento de vergüenza prefieras creer que estás exagerando en tu percepción del accionar maligno, manipulador y abusivo del depredador narcisista. Y si alguien te muestra la gravedad de sus conductas, es posible que justifiques su comportamiento y lo minimices, bajándole el precio para protegerte de la vergüenza. Esta conducta responde a un mecanismo de defensa relacionado con la disonancia cognitiva (que te lleva a dudar de tu percepción y a minimizar el comportamiento del abusador).

No racionalizar el maltrato del narcisista

No busques explicaciones al comportamiento abusivo del narcisista desde tu lógica empática, porque, aunque trates de justificarlo desde la búsqueda de la comprensión y la razonabilidad, nada de eso modificará que sea una personalidad perversa con conductas malignas, inadmisibles e injustificables. Solo te estás engañando para no ver lo que es y esto impide que puedas protegerte.

Recuerdo cuando aquel hombre de cuarenta y siete años me dijo, después de haber confirmado con cuatro abogados (prestigiosos civilistas y penalistas) que su exesposa lo había estafado en connivencia con su letrada (para quedarse con el 100% de una propiedad gananacial): «Ella nunca tuvo casa en toda su vida, ni ella ni su hermana ni su madre, quizá por eso me estafó para quedarse con la casa». Desde la lógica empática suena coherente y razonable; sin embargo, el no haber tenido nunca un inmueble propio no justifica la conducta amoral, maligna y perversa de entrampar a otro y perpetrar una estafa mediante una asociación ilícita para quedarse con todo (incluso con lo que le pertenece al otro). La lógica perversa no puede ser justificada desde la lógica empática.

Trabajar la «indefensión aprendida»

Las víctimas de los narcisistas suelen sentir que no hay nada que puedan hacer que genere un resultado favorable, por lo cual simplemente dejan que las cosas sigan sucediendo y los abusos se sigan perpetrando. Esto se conoce como indefensión aprendida. La víctima trató en muchas ocasiones de hacer algo para cambiar la situación y para que el narcisista modificara sus conductas (recurrió al diálogo, a la búsqueda de ayuda profesional, intentó comprender sus conductas e incluso cambiarse a sí misma para adaptarse a las necesidades del narcisista) y, por supuesto, nada funcionó. Sin duda nada funciona con una personalidad narcisista, cuyo vacío es imposible de llenar (como si fuera un gran saco roto, donde todo lo que metas se fugará por la rotura). Las personas narcisistas no consiguen llenar su vacío con nada y la fugaz duración de sus satisfacciones es de segundos (al instante volverá a su estado de insatisfacción, vacío y tensión interna).

Deja de creer que no puedes hacer nada para que las circunstancias cambien, porque hay algo que sí puedes hacer (pero no es con el narcisista sino contigo). Puedes trabajar en terapia contigo mismo para irte de este vínculo con un individuo de estructura inmodificable que no va a cambiar hagas lo que hagas. Lo que puedes hacer es salirte del vínculo con un individuo que es una cáscara vacía, carente de empatía.

Abandonar la ilusión de que el narcisista va a cambiar

El desconocimiento sobre estas personalidades te hace creer que pueden cambiar porque «las personas cambian». ¿Acaso no es eso lo que siempre nos enseñaron? Sí, claro que te enseñaron esto, pero no te explicaron que no es válido en las personalidades narcisistas y psicopáticas, que son inmodificables (con o sin terapia). No tienen «cura» porque se trata de una estructura de personalidad, de un modo de ser que no tiene reversibilidad.

Su bombardeo de amor inicial dejó en tu mente un sello que ahora no puedes integrar con el comportamiento que está mostrándote el narcisista en esta etapa de destrucción de tu ser. Por eso sigues ahí, esperando que reaparezca en escena aquello que una vez mostró ser y que solo era un anzuelo del Capitán Garfio para que tú (su presa) te engancharas. Abandona la ilusión del cambio del narcisista porque jamás va a suceder.

Vienen a mi mente las palabras de Roberto en uno de los últimos encuentros en mi consultorio, donde me decía: «Analía, ya sé que me dijiste que ella no va a cambiar, aunque yo haga lo que haga y le dé lo que le dé, pero quiero pensar que si le doy la mitad de todos mis bienes (aunque sean bienes propios hereditarios, no importa), yo creo que ahí ella cambiaría». No, Roberto, no va a cambiar.

Terminar con el falso empoderamiento

El falso empoderamiento que expresas —«No me va a pasar nada, yo lo sé manejar»— es simplemente un mecanismo de defensa que estás utilizando para evitar ver la realidad de tu relación con el narcisista, porque enfrentarte a esa realidad te resulta más doloroso todavía que lo que estás viviendo con él. En definitiva, si abandonas este falso empoderamiento, que es una ilusión de control sobre la situación, y aceptas la realidad de la que eres víctima en un vínculo con una personalidad narcisista, sabes que la decisión es solo una: terminar con el vínculo y salvar tu vida. Pero si no abandonas la ilusión de control que te proporciona el falso empoderamiento vas a estar en una situación de grave peligro para tu integridad física y tu salud mental. Esto es algo que tienes que saber.

Cuando le dije a ella que el ahorcamiento en la ducha no había sido un error sino un acto de violencia que pudo haber terminado con su muerte, me miró incrédula y dijo: «Puede ser, no digo que no, pero yo no creo que él sea capaz de llegar a tanto. Ya sé que no está bien que lo deje seguir teniendo algunas de sus cosas en mi casa y que las venga a buscar cuando necesita algo estando yo ahí, pero de verdad que está tranquilo y yo puedo manejar la situación». Falso empoderamiento con ilusión de control. Abandonar esta actitud y hacerte cargo de la verdad es el camino de salida de un vínculo con una personalidad narcisista o psicopática.

Salir del estado de confusión

Tu estado de confusión generalizado se genera como consecuencia de la disonancia cognitiva alimentada por el *gaslighting*, una estrategia de manipulación que ataca de forma directa tu percepción de la realidad, es decir, lo que estás viendo, sintiendo y experimentando. Quien te está manipulando dirá que nada de eso que percibes, ves, sientes y experimentas es real. Dirá que es producto de tu imaginación, que estás exagerando, pudiendo incluso decirte que busques ayuda profesional porque tu salud mental está afectada. Te crean una realidad paralela construida de mentiras y te hacen desconfiar de tu propia salud mental para que ya no distingas lo real de lo que no lo es y dudes de todo (sobre todo de ti mismo), así es más fácil manipularte porque tus mecanismos de alerta están adormecidos. Esta es la estrategia de abuso predilecta de narcisistas y psicópatas, que es además muy efectiva porque al ser agresivo-pasiva horada por goteo tu mente hasta destruir tu vida.

No estás enloqueciendo, te están manipulando. Cuando sientas un estado de confusión generalizado que ya no te permita distinguir con claridad la realidad y sientas que no puedes pensar bien y dudas de tus propias percepciones, busca ayuda profesional especializada.

Ella era maestra de primaria y recuerdo que me preocupaba su brusco descenso de peso, que no obedecía ni a un plan nutricional ni a un entrenamiento físico sino a un matrimonio de quince años con un perverso narcisista. Ella estaba convencida de que él tenía una relación paralela con otra mujer porque había indicios que se lo hacían sospechar; sin embargo, él lo negaba y la acusaba de estar loca. Ella llegó a creerlo y por eso asistió a la consulta.

Temía estar distorsionando la realidad y le preocupaba estar al cuidado de sus dos hijos en este estado. Nada indicaba que su criterio de realidad estuviera distorsionado, por el contrario, resultaba evidente que alguien estaba tratando de generar en ella dudas sobre sí misma y lo estaba logrando. Sugerí la interconsulta con un psiquiatra para que la evaluara y principalmente para su tranquilidad, después de expresarle que no observaba indicadores de alteraciones en su criterio de realidad. Ante su insistencia, se realizó la interconsulta con un psiquiatra, quien confirmó que su criterio de realidad no sufría ninguna alteración y que solo tenía un importante estado de estrés emocional a consecuencia de su situación matrimonial. Ya tranquila respecto de su salud mental, y sabiendo que no imaginaba cosas que no sucedían, se dedicó a convertirse en una suerte de detective privada amateur, con gran éxito porque confirmó su sospecha con efectividad y precisión.

Su marido no solo tenía una relación con otra mujer, sino que esta era empleada de su negocio y le alquilaba un apartamento a una calle de la casa en que vivía con su familia. No solo pudo verlos juntos en la camioneta de él, sino que pudo grabarlos con su móvil en una secuencia en la que se bajaban del vehículo, se abrazaban y entraban abrazados en la empresa. Con ese vídeo grabado por ella, se enfrentó a su marido esa misma noche. No solo no recibió el reconocimiento de la situación ante la contundente evidencia, como ella esperaba, sino que, sin siquiera inmutarse, él miró el vídeo hasta el final y le dijo: «¿Y esto qué prueba? Soy yo abrazando a una empleada mía entrando en mi negocio. ¿Prueba de qué sería esto?». Ella le pidió en ese mismo momento que al día siguiente se fuera de la casa y que ya hablaría con sus hijos. Sin esperar a la mañana, esa misma madrugada él reunió algo de ropa en una bolsa, todos sus perfumes importados y, dejando completamente vacía la caja fuerte empotrada que tenían en la vivienda, se fue de la casa. De ahí en adelante solo hubo ruido de abogados.

Trauma por abuso narcisista

Lo que configura un hecho como traumático es no solo el evento sino la respuesta de la víctima a esos eventos (DSM IV, 1994). Las consecuencias de haber experimentado la traición, el abuso, el pánico, la desesperanza, la humillación, el acoso escolar o una relación tóxica son lo que realmente determina el trauma. Es decir: no tanto el evento sino la respuesta del individuo al evento. Por ejemplo, puede que para ti haber experimentado violencia verbal no haya resultado lo suficientemente fuerte como para considerarlo traumático, pero que este mismo tipo de violencia haya marcado a otra persona. Lo que se tiene en cuenta es la subjetividad de quien experimenta el trauma, más allá de lo que pueda ser considerado como traumático o no.

Cuando nos referimos al trauma causado por la vinculación con una persona significativa que nos ha causado daño de forma intencionada, nos referimos a un trauma de tipo relacional por abuso narcisista. Este trauma se refiere al efecto psicológico que genera el haber estado expuesto a una situación de estrés elevado, miedo constante, daño, manipulación y peligro provocada por una persona significativa con intención de dañar y desestabilizar para tomar el control de su víctima. Hablamos en este caso de un *trauma complejo*, generado por el causante, que destruye la fe de la víctima haciéndola entrar en una profunda crisis existencial.

Iñaki Piñuel (2015) hace referencia a la existencia de un *vínculo traumático de traición*, en tanto Jennifer Freyd (1994) desarrolla el concepto de ***trauma de traición*** y lo define como aquel perpetrado por alguien muy cercano a la víctima y del cual depende de alguna manera. Este concepto incorpora el elemento de la confianza que la víctima entrega a su perpetrador.

La relación abusiva produce un efecto de trauma de traición en sus víctimas porque estas inician el vínculo siendo engañadas y estafadas, creyendo estar ante una buena persona que cumplirá las promesas que les hizo, para luego darse cuenta de que estuvieron con un impostor. «No sé con quién estuve», suelen decir, sintiéndose traicionadas, avergonzadas, desbordadas de ira y fantasías de venganza. Hay un shock al darse cuenta de que todo lo que el narcisista o el psicópata dijo es mentira, que todo lo que hizo fue intencional y planificado con alevosía para causar daño. La traición es una parte fundamental del trauma y es un factor que contribuye de manera muy importante a la angustia postraumática (Freyd y Birrell, 2013).

Analía Forti (2018) introduce el concepto de ***trauma por devastación moral***, aludiendo al efecto psicológico de afectación profunda que produce este tipo de vínculo con personalidades narcisistas y psicopáticas que causan gran dolor moral y emocional en las víctimas. Este concepto incorpora como elemento el sufrimiento moral, consistente en la afectación a la dignidad de la persona como derecho inalienable.

La relación abusiva produce un efecto traumático, es lo que desestabiliza a la víctima y la mantiene pensando y analizando lo sucedido porque no puede comprender tanta injusticia, tanta malignidad y a su vez anhela huir de ese caos. El problema es que ese desorden caótico vive dentro de la víctima, como consecuencia de una compleja multiplicidad de implicancias en su salud mental integral.

Otro de los elementos que forman parte del vínculo traumático es la ***adicción*** que la víctima siente hacia su abusador, siendo esto así porque él mismo se ha ocupado de generarla mediante la utilización de una estrategia que es el ***refuerzo intermitente*** (idealización y devaluación-maltrato y buen trato), utilizado por el perpetrador de manera aleatoria, para que nunca se pueda predecir cuándo se recibirá cuál. A esta estrategia, Analía Forti (2018) la ha denominado ***«táctica de caricia-trompada»***, un auténtico refuerzo de la conducta adictiva comandado por el abusador narcisista con el objetivo de mantener a la persona en el mismo lugar, a la expectativa de que algo bueno llegará en cualquier momento, pero sin poder predecir cuándo será. Al mismo tiempo mantiene a la víctima en estado de alerta, con miedo y ansiedad, esperando que aparezcan conductas de maltrato, que tampoco se pueden predecir. La víctima no entiende cómo actuar con su abusador y permanece estancada en el vínculo con la expectativa de gratificación en el ***refuerzo intermitente***.

Un claro ejemplo de esto es el relato de Dana, quien refería desconcertada cómo su madre la cuidaba con dedicada abnegación cuando estaba enferma, llevándole todas las comidas del día a su habitación servidas en una impecable bandeja con delicados detalles, para en el preciso momento en que su salud mejoraba y podía retomar su vida habitual maltratarla psicológica y verbalmente de manera cruel. Dana se preguntaba desolada: «¿Acaso mi madre me quiere enferma y me odia sana?, ¿tengo que enfermar para no recibir maltrato?». «No entiendo cómo tengo que actuar con ella», me decía angustiada y con visibles síntomas de ansiedad.

Por eso las víctimas sienten que caminan sobre un campo minado: no saben cómo actuar con el abusador porque cualquier cosa, literalmente, podría provocarle un ataque de ira y comenzar así una cruel y brutal escalada de violencia hacia la víctima.

Cuando las víctimas consiguen darse cuenta de la dimensión de la estafa, de las mentiras, del fraude, y toman consciencia del tiempo de su vida que han perdido en un vínculo con alguien que nunca existió porque era un farsante, se derrumban todos sus sistemas de creencias como consecuencia del impacto emocional. El derrumbe de la víctima es absoluto. Se desmoronan sus creencias (incluso lo que creen sobre sí mismos), lo que esperan del mundo y de los otros. A partir de ahí todo resulta amenazante, perturbador y es fuente de ansiedad. Se destruye su fe en la humanidad.

Si alguien significativo como un padre, una madre, un hermano/a, una pareja o un hijo han sido capaces de herirte intencionadamente así, ¿qué podrías esperar de todos los demás?

Es habitual observar en la consulta que las víctimas se resisten a creer que estas personas malvadas existan e insisten en aferrarse a la idea de que pueden cambiar. Se empeñan en ideas desacertadas sobre la posibilidad de un cambio en estructuras que son inmodificables, no escuchan a su intuición, desatienden las señales de alarma y se pasan por alto todas las banderas rojas. Esas putas banderas rojas...

Cuando las víctimas descubren y aceptan (muy a su pesar) que han estado o están en un vínculo abusivo con una personalidad narcisista o psicopática, sienten un tranquilizador alivio porque ahora todo encaja y se vuelve comprensible, pero al mismo tiempo sienten el profundo dolor moral de haber sido estafadas y el impacto psicoemocional del ***trauma por devastación moral***.

Es doloroso verlo y complejo comprenderlo, pero esta es la verdad: la persona que creías que te quería en realidad te odia, no quiere verte feliz y buscará la manera de hacerte sufrir porque además lo disfruta. Una relación abusiva con una personalidad narcisista o psicopática no es una relación de amor, ni de familia, ni de amistad, sino una relación de ***sometedor-sometido***. Por esto, el contacto cero con estas personas no solo es un derecho que tienes en preservación de tu salud mental y como conducta de autocuidado, sino que es además la única salida efectiva frente a una relación abusiva narcisista o psicopática.

Frases narcisistas que son banderas rojas

¿Qué dice el abusador narcisista para desestabilizarte y afectar tu salud mental?

El abusador narcisista utiliza diferentes frases con intenciones diversas, que cuando escuches tienen que ser banderas rojas indudables, que no puedes pasar por alto.

- Yo no recuerdo eso.
- Eso no ha pasado.
- Yo nunca dije eso.
- Yo solo quería lo mejor para ti.
- ¿Yo he dicho eso? ¿Cuándo? No lo recuerdo.
- No es para montar tanto escándalo.
- Eres demasiado sensible.
- ¿Quién te va a soportar a ti?
- Sacas lo peor de mí.
- Mira cómo me haces poner.
- Te lo digo por tu bien.
- Veo que no me conoces.
- Me ofende que me creas capaz de algo así.
- Mejor que ni te diga lo que la gente piensa de ti...
- Era un chiste, ni sentido del humor tienes...
- Lamento no ser suficiente para ti...

- Pensé que me conocías...
- Sacas de contexto todo lo que digo.
- Yo no he dicho eso, tú lo malinterpretas todo.
- Siempre hablando del pasado, ¿cuándo vas a dejar el pasado en paz? Lo que pasó, ya pasó.
- Te estás equivocando y ni siquiera te das cuenta. Te vas a arrepentir cuando lo veas y va a ser tarde.
- Háztelo mirar, vete a un psiquiatra.
- Tu paranoia imagina cosas que no son.
- Te inventas películas.
- Ya no eres la misma persona que conocí...
- ¡Eso jamás pasó!
- ¿Tú estás bien? Yo no te veo bien, algo te pasa...
- Mira cómo reaccionas, tú no estás bien de la cabeza.
- Ya empiezas con tu imaginación a delirar con cosas que no son...
- Si no te quisiera ya me hubiera ido, porque estás insoportable, ¡me hartas!
- ¿Sabes cuál es tu problema? Piensas demasiado...
- ¿Cuándo vas a madurar?
- Eres tan infantil...
- Te lo dije, pero no te acuerdas, tienes problemas de memoria hace tiempo...
- Ya no soy la misma persona que cuando pasó todo eso, he cambiado...
- ¿Te he dicho que voy a empezar terapia?
- Tienes razón, voy a cambiar, empecemos de nuevo.
- No me sueltes la mano, te necesito...
- Ayúdame, yo quiero cambiar para que seamos felices.
- Tenemos que ser solo tú y yo.
- Te amo con locura.

¿Qué lleva a la víctima a escuchar todas estas alertas y, aun así, permanecer en el vínculo de abuso narcisista?

Nada es más simple e injusto que juzgar a la víctima de abuso narcisista. Todo desde fuera del vínculo de abuso emocional parece tan claro, evidente y horroroso que resulta inexplicable que no huya de su lado.

Juzgar y culpar son actitudes sencillas cuando no tienes idea de lo que genera un vínculo de abuso emocional narcisista ni conoces las implicancias del trauma complejo por abuso narcisista, como las modificaciones que suceden en los circuitos cerebrales de la víctima.

Male era abogada y su lugar de nacimiento era una ciudad del interior de la provincia de Buenos Aires llamado Pehuajó, en Argentina. Ella había venido a Buenos Aires a estudiar y a trabajar en un estudio jurídico. Su familia vivía en Pehuajó y ella no tenía familia en Buenos Aires. Estaba sola. Así conoció a Uriel, un psicópata narcisista con antecedentes penales (algo que ella desconocía), quien en apenas meses se instaló en su vivienda y arrasó con su vida, su privacidad y empezó a ejercer violencia psicológica, económica y sexual sobre ella. Male se resistía a poner una denuncia y por ese motivo abandonaba las terapias que iniciaba cuando le planteaban la necesidad de hacerlo. Ella sabía, entendía y conocía la situación de alto riesgo que vivía y aun así la elegía porque sentía que sin él se moría.

Juzgar sería sencillo, empatizar es una ardua tarea porque para empatizar es necesario acercarse a un mayor conocimiento de la complejidad del proceso que transitan las víctimas de abuso narcisista.

Estas víctimas suelen ser aisladas por el abusador narcisista de su entorno social (amigos, familia) y esto las deja en absoluta soledad, teniendo como única red al abusador, que se ocupa además de amenazarla de sutiles formas encubiertas con la posibilidad de abandonarla. La víctima vive en estado de hipervigilancia, temiendo al abandono del abusador (que sería sin duda lo mejor que podría sucederle), pero no puede percibirlo de ese modo porque teme quedarse sola.

Es habitual que las víctimas de abuso narcisista sientan una vergüenza inexplicable por la situación que viven, como si fueran culpables. Se trata de una vergüenza irracional que las lleva a no contar lo que viven y a convencerse de que los comportamientos de su abusador no son narcisistas y que lo están percibiendo equivocadamente porque en sus conductas no hay intención ni maldad. Esta disonancia cognitiva es un mecanismo de defensa que la lleva a minimizar lo malo y agigantar lo bueno, bajándole así el precio al abuso narcisista que vive. La víctima, como parte de esa disonancia cognitiva, reprime su dolor y los sentimientos de humillación, negando los aspectos malignos del narcisista y poniendo énfasis en sus impostadas y falsas demostraciones de bondad públicas. No quiere ver algo malo en la conducta del abusador y desde la lógica empática busca explicaciones a sus comportamientos inadmisibles para justificarlo.

Male justificaba a Uriel, quien le prohibía estar en su propia casa en ropa interior, argumentando que la protegía de que alguien pudiera verla a través de alguna ventana, pese a que vivía en un piso 12 sin ningún otro edificio delante que diera a su balcón.

El desconocimiento sobre el funcionamiento de estas personalidades también mantiene a la víctima en la esperanza de un cambio que jamás sucederá porque son personalidades inmodificables. La fantasía de que pueda «curarse» sumada a 4la fantasía de que «puede con esto que vive», más el estrés de vivir sometida a maltratos, abusos, mentiras, peleas, triangulaciones, burlas y discusiones diarias interminables, dejan a la víctima extenuada psíquica y físicamente, hasta el punto de enfermar, con serias afecciones como ansiedad, depresión, trastornos alimentarios o insomnio por el estado de hipervigilancia. La víctima acaba por rendirse y naturalizar el caos, llegando a creer que vivir esto es normal y afirmar, como Male, que «todos tenemos defectos».

La víctima no debe ser juzgada porque está captada por el abusador desde la etapa del bombardeo de amor y luego, en la etapa devaluatoria mediante la triangulación, este la ha llevado a compararse con otros, y así ha llegado a vivir para satisfacer los deseos del abusador narcisista y se esfuerza para no ser descartada y sustituida, cualquiera que sea el precio a pagar, incluso su salud física y mental, o su propia vida. Estamos ante un secuestro de la mente de la víctima por parte del abusador narcisista. Un secuestro invisible en el cual la víctima se mantiene retenida en el vínculo por una aparente pero irreal voluntad propia. Así es como, a pesar de los maltratos que padece, la víctima siente la necesidad desesperada de mantenerse cerca del abusador narcisista y establecer un contacto cero. Hay algo en la víctima que se mantiene encadenado al narcisista y la deja anclada al vínculo traumático.

Estrategias de autocuidado en cada etapa del ciclo del abuso narcisista

Como concepto general es importante reiterar que ***no todo narcisista es un psicópata, pero todo psicópata es narcisista***. Esto significa que la base de la personalidad psicopática es narcisista, aunque en ella hay características vinculadas a una mayor degradación moral, conductas perversas, vacío moral afectivo y el disfrute de causar daño a otros. Cuando hablamos de abuso narcisista hacemos referencia a un tipo de maltrato ejercido por una personalidad abusiva narcisista o psicopática, que se ejecuta por etapas que configuran un ciclo de agonía interminable, del cual es muy complejo salir.

1. La captación de la presa

Exploran el ambiente y buscan detectar personas empáticas, sensibles, en situaciones vulnerables, ingenuas. Una vez identificada la presa, se ocupan de conocerla sin mayor implicación emocional, pero estudiando sus cualidades, debilidades, deseos, gustos, amigos, familia, estudios e incluso el perfil de sus ex. Así es como el impostor prepara el personaje de alma gemela, media naranja, príncipe azul o mujer ideal.

Estrategia de autocuidado: nunca brindes demasiada información detallada sobre ti cuando se trata de personas desconocidas que no pertenecen a tu entorno íntimo. La información es poder.

2. La técnica del espejo

La persona narcisista o psicópata crea un personaje que refleja exactamente aquello que has deseado toda tu vida. Y es todo tan perfecto que no parece real, pero ahí está y parece serlo. Su efecto es hipnótico y ahí es donde entra en tu vida, arrasando con ella una vez que entras en el vínculo traumático.

Estrategia de autocuidado: si es demasiado perfecto, es dudoso. Lo perfecto es enemigo de lo bueno.

3. La montaña rusa emocional

Una vez que han posicionado a la presa en el cielo, la bajan abruptamente al infierno. Del amor mágico y perfecto de un alma gemela a la devaluación de tu ser, sin escala. Progresiva o brutalmente, de lo más alto al subsuelo, con el único objetivo de generar y reforzar el proceso de adicción al cielo, pagando como precio el paso por el infierno con la esperanza de volver a ese cielo que te hicieron conocer alguna vez. Aferrada a la esperanza, la víctima paga todos los precios para volver a sentir las mieles de los momentos perfectos. La persona narcisista te dará apenas unas migajas para alimentar tu esperanza de volver a disfrutar de ese cielo para que te afirmes en la creencia de la posibilidad cierta de un futuro feliz juntos. El circuito ha sido activado apenas con migajas para lograr el refuerzo intermitente y ya te has vuelto adicto a tu abusador y con la certeza de que esa adicción es amor. Los narcisistas y psicópatas adoran jugar con tu mente y van a reforzar el vínculo traumático para mantenerte ahí sin que puedas escapar. Te quitan lo que te dieron, creándote la ilusión de que podrías volver a tenerlo. Te deshumanizan, roban tu alma con una violencia encubierta difícil de identificar y demostrar. Te dirán que quizá necesitan ayuda, que no quieren dañarte, y ahí activan tu espíritu rescatista. Sientes que tienes que ayudarlo para volver a sentir lo que sentías cuando te llevaba al cielo. Solo que el cielo nunca fue real y no lo sabías. El cielo era el anzuelo. Tú eras la presa.

El infierno comienza a volverse muy real porque saben inducir el trauma: la ley de hielo o tratamiento del silencio; la desaparición; la triangulación; la generación de celos; proyecciones donde te acusa de lo propio —generalmente de los aspectos de sí mismo que rechaza por ser negativos—; distorsiones de la realidad; no responder tus mensajes pero postear en redes sociales sobre cualquier cosa, bloquearte, desbloquearte, desaparecer de las redes sociales, dejarte los mensajes en visto como no vistos; buscar excusas para no verte siempre vagas o difusas, como necesitar tiempo a solas para pensar o estar en paz; hacer comentarios sobre parejas anteriores más divertidas, generosas económicamente o atentas... Y si mostraras algún malestar, te dirán que tus celos son agobiantes. Invadir tu privacidad, aislarte de tu entorno social, intimidarte sutilmente, desmoronarte para después aparecer como la salvación, aplicarte el tratamiento del silencio y anular tu existencia generando que te sientas nadie. Utilizar la palabra como un instrumento de poder generando confusión con ella a través de un relato colmado de falacias, en un discurso que aparenta ser coherente y te resuena lógico, pero no lo es, hasta que terminas dándole la razón por agotamiento o porque ha sacado de eje el tema principal o porque sientes que te supera en inteligencia y no puedes rebatir sus argumentos.

Vas a sentir que enloqueces lentamente, por goteo. Aparecerán acusaciones en tu contra de sospechas por el uso de tu móvil, pedirá tus claves y si te negaras para preservar tu privacidad, dirá que las personas que nada tienen que esconder no actúan de ese modo y que, para probar tu buena conducta, vas a darle acceso para que no sospeche de ti. Nada será suficiente. Irá aumentando la intensidad y la frecuencia del malestar y si trataras de dialogar sobre esto, te hará sentir que tienes problemas psicológicos porque exageras las situaciones. Llegará el descarte temporal como jaque mate demoledor y reaparecerá de la nada sin explicaciones, con un puro relato de amor y buscando propiciar un encuentro sexual después del descarte o de que hayas abandonado el vínculo, para mantenerte en estado de adicción después del periodo de abstinencia. Juegan con tu mente, la secuestran. Vas a dudar de tu propia salud mental. Las estrategias depredadoras de las personalidades narcisistas y psicópatas buscan tu destrucción.

Estrategia de autocuidado: observar sin absorber. Identificar la manipulación, dar la vuelta a las situaciones y todas las conductas desestabilizadoras que utiliza. Confiar en tus percepciones. Tú sabes que no estás enloqueciendo, sino que te está tratando de enloquecer. Afírmate en la realidad de tus percepciones. Confía en tu memoria y escribe en un cuaderno los hechos vividos para no olvidarlos.

4. Descarte

Cuando la persona narcisista decide tu descarte es porque ya no está obteniendo de ti el mismo suministro que recibía. Ya no eres un buen suministro, probablemente porque ha agotado tus recursos y ya no encuentra el disfrute suficiente con lo que le das. Necesita más fuentes de combustible y de mayor potencia. Cuando no hay galope se les para el corazón. Necesitan combustible.

También es posible que una nueva presa esté en su horizonte y necesita romper contigo para poder dedicar tiempo a la nueva futura víctima, hasta seducirla y hacerla su presa. Necesita varias fuentes de combustible, no solo una. Siempre es mejor hacer acopio de víctimas para tener más suministro disponible. Puede alejarse porque necesita invertir tiempo en la cacería de la nueva presa.

En otras ocasiones el descarte es utilizado para disciplinar a la víctima, como castigo por algún límite que le ha marcado y se ha frustrado, entrando en un estado de ira que no puede gestionar. La ira narcisista cuando alguien se defiende de sus abusos es inmanejable y utilizan el descarte como estrategia de contraofensiva sabiendo que te causará más dolor que cualquier otra cosa.

Pueden utilizar el descarte cuando se sienten en riesgo de ser desenmascarados y quedar expuestos ante el entorno social (antes que ser desenmascarados prefieren huir, porque si algo no toleran es una imagen social negativa). En este caso, el descarte será para siempre. Si ya te has percatado y no estás alienado, has dejado de ser la víctima perfecta y no perderá energía en ti, simplemente te descarta como a un objeto que ya no cumple ninguna función útil.

Estrategia de autocuidado: el momento del descarte debe servirte para que comiences a planificar y prepararte para el contacto cero, que implica mucho más que distanciarte del abusador narcisista. Significa buscar ayuda profesional para iniciar tu proceso de sanación del trauma por abuso narcisista, afirmar tu autoestima y plantear una estrategia de blindaje, que incluye vías de comunicación y personas del entorno, como los «monos voladores» del narcisista que probablemente te serán enviados.

Estrategias de escape

I. El proceso de sanación y salida del abuso narcisista

Del falso empoderamiento: De la información al contacto cero

La información sobre el funcionamiento de las personalidades narcisistas y psicopáticas es sin duda necesaria pero no suficiente. La información es poder, pero brinda una falsa sensación de empoderamiento que no alcanza para implementar y sostener un genuino contacto cero con el psicópata narcisista. La víctima puede leer todos los libros disponibles sobre abuso narcisista y estos serán un faro que ilumine brindando luz y claridad sobre la experiencia de abuso que está viviendo. Sin embargo, necesitará buscar ayuda profesional para poder transitar el proceso de sanación y salida del abuso narcisista que la lleve del falso empoderamiento al contacto cero.

El contacto cero es una estrategia de autocuidado emocional que pone a la víctima en abstinencia de su adicción al narcisista y que excede la evitación del contacto físico, debiendo transitarse el arduo proceso de la lucha emocional. Se trata de una batalla diaria que forma parte de un proceso de sanación que no es lineal. El camino no es de avances constantes sino de avances y retrocesos, con altibajos y luchas entre los recuerdos de épocas doradas y épocas oscuras. Los buenos momentos se vuelven los peores y más despiadados enemigos de la víctima, mientras que el recuerdo de los malos momentos hay que ir a buscarlo porque se diluye en océanos de olvido. Este es un proceso doloroso en el que es necesario procesar los recuerdos y resolver las emociones ambivalentes para reducir el dolor emocional y empezar a salir de las aguas oscuras del abuso narcisista.

Este proceso también tiene sus etapas y es necesario tomarse tiempo para transitar cada una de ellas, tal como hicimos con Jade.

Tras lograr establecer el contacto cero, Jade necesitaba transitar el proceso emocional y detenerse a trabajar sobre cada una de sus etapas.

Iniciamos el proceso trabajando en la ***aceptación de la realidad*** (lo que es, es). Reconoció que el cambio de conducta en el abusador narcisista no era una posibilidad real y así aprendió a reconocer los patrones repetitivos de abuso y, a pesar del dolor, aceptar que nada podía cambiar esa dinámica de relación.

Luego pasamos a trabajar en su ***preservación emocional***, que implicaba aprender el autocuidado de no creer en las falsas promesas ni en las manipulaciones de su pareja. Aprendió a desarrollar una fortaleza emocional con nivel de blindaje, a través del cual las palabras y las acciones prometedoras ya no la influían porque las veía a través de un cristal claro como parte del ciclo del abuso narcisista.

Jade trabajaba con dedicación y compromiso, permitiéndose avances y retrocesos (siempre sabiendo que retroceder era parte del proceso para avanzar). Iniciamos el trabajo de ***hacer foco en sí misma*** y acordamos dejar de enfocarlo a él y comenzar a mirarse en busca de su bienestar. Y así empezó a establecerse metas de crecimiento que le permitieran ganar independencia personal y económica. Su proceso de recuperación avanzaba semana tras semana, mes tras mes, sesión tras sesión, sin prisa y sin pausa. A medida que se alcanzaban metas comenzábamos la ***planificación de su futuro***, mirando hacia delante sin la presencia del narcisista y centrándonos en su autoconfianza y su resiliencia. Así fue como Jade alcanzó las metas que se proponía, y eso nos llevó naturalmente a la siguiente etapa, en la que pudo *reconocer su propia resiliencia* y su plena capacidad para vivir lejos de su abusador narcisista. Esto reforzaba su autoestima y la acercaba a una vida plena y satisfactoria, libre de abusos emocionales. Jade abandonó las ilusiones destructivas, se enfocó en la construcción de una vida sin abuso narcisista y lo consiguió. Es una sobreviviente y lo sabe.

▶ ¿Qué hacer cuando hay hijos pequeños y no es posible establecer contacto cero?

Cuando no es posible el contacto cero (que implica la decisión de cortar toda comunicación y contacto con la persona abusiva) porque hay hijos pequeños que hacen inviable la desvinculación total —por ejemplo, en los casos de coparentalidad— es necesario apelar a trabajar sobre la ilusión cero. El concepto de ilusión cero se refiere a no ser permeable a las promesas de cambio y a las palabras vacías del abusador narcisista y poner atención en sus acciones reales. El concepto de ilusión cero implica por parte de la víctima un proceso de aceptar la realidad de las acciones del narcisista para protegerse de futuros engaños y las heridas que implican. Este tipo de contacto —que denomino «contacto 0,5»— es una estrategia para casos de coparentalidad en los que la víctima y el menor no están en riesgo grave ni la relación es insostenible por el grado de daño emocional que causa. Se implementan límites muy claros y estrictos junto a medidas de protección para la víctima, con el objetivo de minimizar su interacción con el abusador. En muchas ocasiones el apoyo de terceros (terapeutas, abogados, mediadores familiares) para intermediar la comunicación es muy efectivo, facilitando las negociaciones y el logro de acuerdos, disminuyendo la hostilidad y aumentando la seguridad para la víctima. Si bien el contacto no es cero sino 0,5, se logra reducir la influencia destructiva del abusador sobre la víctima. Los hijos acabarán llegando a una edad donde será posible el establecimiento del contacto cero total.

Estrategias para el contacto cero

▶ El contacto cero como autoprotección

«Las venganzas no deben ser perfectas sino adecuadas, porque a veces lo perfecto es enemigo de lo bueno», me dijo con determinación.

Al escucharla, entendí que, para poder llevarlo a cabo y sostenerlo, ella necesitaba ver el contacto cero como una venganza. Tenía que ayudarla a diferenciar una conducta de autoprotección de una venganza y que así pudiera implementar el autocuidado, y no el ataque como defensa. A Paula no le resultaba sencillo entrar en contacto con su vulnerabilidad, eso era algo que no se permitía, y esta experiencia de abuso narcisista le generaba un sentimiento de humillación que la llevaba a un deseo de ajustar cuentas con su expareja. Si el contacto cero era una venganza y le molestaría, ella estaba dispuesta a hacerlo, pero si solo era autocuidado aparecía la resistencia. Para dañarlo, sí; para protegerse, no. Su foco seguía puesto en el narcisista. Paula no estaba haciendo foco en ella. Era necesario seguir trabajando el trauma por traición.

Todo lo que duele es necesario nombrarlo, para darle existencia y así quitarle la sábana al fantasma y mirarle a la cara. Lo que no nombramos no existe. Nombrar era la primera acción que Paula necesitaba antes que cualquier otra acción.

—Nombra tu dolor, asígnale un nombre —le pedí esa tarde.

—Estafa emocional —dijo después de buscar y rebuscar en su alma entre lágrimas.

Ella había nombrado la traición y había elegido no seguir en ese vínculo, y la consecuencia de elegir no hacerlo era establecer contacto cero como autoprotección, no como venganza.

Abordé con Paula el proceso de implementar diferentes técnicas destinadas a establecer el contacto cero, siempre con su acuerdo y contando con su indispensable colaboración. El objetivo del contacto cero era fortalecer su independencia y sus emociones. Para lograr cortar todo tipo de contacto con su abusador narcisista, había que implementar una planificación por etapas y eso fue lo que hicimos.

Una vez que Paula estuvo segura de iniciar su salida del vínculo traumático y en total acuerdo con el establecimiento del contacto cero, comenzamos por hacer un **bloqueo de todas las vías posibles de comunicación con el abusador narcisista**. Se bloquearon números telefónicos, direcciones de correo electrónico, perfiles en redes sociales y acordamos el bloqueo de cualquier llamada desde números desconocidos y el de perfiles que parecieran falsos o sospechosos en redes sociales. Esto garantizaba su estabilidad emocional y su seguridad. Se establecieron **límites claros y firmes** con su entorno familiar, social y laboral para que nadie le hiciera llegar información referida a su abusador ni mensajes enviados por él a través de sus monos voladores. Conjuntamente decidimos que Paula **modificaría sus rutinas diarias** para minimizar la posibilidad de encuentros con su abusador (cambiaría los caminos por donde circulaba, el gimnasio al que asistía, los comercios donde realizaba habitualmente sus compras y las rutas que tomaba cuando salía a correr). Por el momento no se implementarían cambios respecto de su lugar de trabajo ni de su vivienda (salvo que aumentara el riesgo). El apoyo emocional que le brindaba mi acompañamiento la sostenía y ayudaba a manejar los sentimientos de soledad, la culpa, las dudas y los sentimientos ambivalentes que atravesaba a medida que transcurría el contacto cero.

Fue necesario armar una red de soporte afectivo con amigos y familiares que se prestaron a colaborar durante este proceso. La etapa más difícil fue la de **reconocimiento y gestión de los impulsos de contacto**, durante los cuales tuvimos que implementar estrategias de afrontamiento, incluyendo técnicas de respiración y práctica de yoga semanalmente, además de una actividad física para la descarga tensional, que ella ya practicaba como *runner*. Esta fase de su proceso fue crucial y ardua de transitar.

Más adelante, cuando ya había logrado el manejo adecuado de esos impulsos, comenzó a **realizar actividades que reforzaran su autoestima** (decidió, por ejemplo, finalizar su carrera de subastera pública), con el objetivo de iniciar una nueva actividad profesional que desde hacía tiempo la entusiasmaba. Cuando Paula hubo recorrido todo este proceso, llegamos a la zona del trabajo de reflexión y procesamiento de sus emociones y experiencias pasadas, para alcanzar una mayor comprensión de ella misma y de sus necesidades. Trabajamos con ejercicios de escritura terapéutica, que de algún modo marcaron el cierre de un proceso de autoconocimiento. En ese proceso de bucear a través de las emociones y los recuerdos, todo el dolor emocional se iba disipando y se resolvían las ambivalencias, logrando así salir de las profundidades sombrías del abuso narcisista.

Paula había logrado salir de ese lugar perturbador y mantenía la distancia óptima con su abusador de contacto cero. No obstante, aun así, debía seguir trabajando para mantenerse a salvo en una zona segura.

Le expliqué que olvidar es un mecanismo propio del sistema nervioso para poder procesar eventos traumáticos y que esa capacidad nos permite tener una vida más tolerable y sana. Sin embargo, para las personas que han transitado experiencias de abuso narcisista, el olvido puede resultar peligroso. Olvidar que alguien nos ha causado mucho daño puede alimentar la esperanza de un cambio. Es un mecanismo de adaptación que intenta protegernos y que se conoce como **amnesia perversa**, por el cual solo tendemos a recordar las cosas buenas de la relación, pero no el sufrimiento ni el dolor o el abuso recibido.

Paula me escuchaba atentamente y sonrió.

—¿Qué ha provocado esa sonrisa? —pregunté mientras ella bebía un sorbo de agua.

—Me pasa siempre eso, me vienen imágenes de momentos bonitos que compartimos y trato de sacarlos trayendo a mi memoria recuerdos de situaciones horrorosas que me hizo vivir —dijo mientras con sus manos trataba de frenar una lágrima.

Le propuse entonces habilitar un cuaderno (al que le asignaría un nombre) y en el cual, cada vez que apareciera un recuerdo lindo de algún momento vivido con su abusador narcisista, ella escribiría en él una experiencia dolorosa, armando así un registro escrito que le ganara la partida del olvido a la amnesia perversa. A Paula le resultó divertida la idea y decidió llamarlo **Páginas del Infierno**. Así quedó formalmente inaugurado ese espacio físico para el registro mental de los abusos vividos que no debía olvidar.

Paula y yo sabíamos que habría huellas imborrables. Sin embargo, también habría otras huellas que ya sabría reconocer. En los dos casos se trataba de la huella narcisista.

II. Contacto cero

El contacto cero es la estrategia de escape por excelencia y de mayor efectividad. Esto tiene un fundamento que pasaré a detallar minuciosamente.

Las personalidades narcisistas y psicopáticas viven del combustible que les suministramos nosotros, los empáticos, como sus suplementos. Los empáticos somos su suministro narcisista, necesitan de nosotros para vivir.

Cuando la víctima de una personalidad narcisista o psicopática hace contacto cero con ellos (cero es cero, y esto significa que te blindes y no dejes ninguna fisura a través de la cual puedan establecer contacto para desestabilizarte), pierden el control sobre ti y entonces es precisamente cuando tú recuperas el control sobre ti mismo. En el momento en que logras establecer contacto cero dejas de estar expuesto a sus conductas tóxicas, a sus comportamientos destructivos y a sus estrategias de depredación, y este es el primer paso hacia tu sanación y la estrategia de escape fundamental para transitar el proceso hacia tu recuperación del trauma por abuso narcisista.

Es inviable sanar mientras sigas en contacto con la misma persona que está atentando contra tu salud y que está poniendo en riesgo tu vida al afectar integralmente tu salud. Ni siquiera intentes ilusionarte con generar recursos que te permitan convivir con una personalidad narcisista o psicopática sin que te afecten sus conductas. Esto es imposible. Nadie puede aprender a convivir con alguien malvado que vive para destruirte. Nadie puede aprender a convivir con un depredador, abusivo y parasitario, dispuesto a destruir tu ser porque odia tu existencia.

El contacto cero es uno de tus más grandes retos y te adelanto que no será fácil, pero te aseguro que será efectivo.

El contacto cero es un desafío para las víctimas porque es un nuevo hábito que necesitan construir, sostener en el tiempo y no romper por ningún motivo. Si en algún momento lo rompes, lo importante es que reinicies ese contacto cero una y otra vez, porque representa la lucha por tu libertad y es lo que te va a permitir salvar tu vida.

¿Cómo atravesar la difícil tarea del contacto cero?

Para transitar esta etapa vas a necesitar mucha paciencia y ser muy amoroso contigo mismo/a porque las recaídas son parte del proceso. La clave es que, aun cuando recaigas, vuelvas a establecer contacto cero.

Entrar en contacto cero significa bloquear a esa persona de todas tus redes sociales, borrar su contacto de tu teléfono y el de todos sus conocidos. Mudarte de barrio e incluso cambiarte de lugar de trabajo de ser necesario. No asistir a lugares que sabes que suele frecuentar o a los que asisten conocidos de esa persona. Borrar todas las fotos que tengas de esa persona en tu teléfono y deshacerte de todos los objetos materiales que te haya regalado o te la recuerden. Es posible que al leer esto ya sientas una resistencia interna, algo que te dice «¿No será demasiado?», o bien una voz que te afirme «No es para tanto». Créeme que no es demasiado y que es para tanto y más, aun cuando hoy no puedas dimensionarlo.

Necesitas comprender que las personalidades narcisistas y psicopáticas van a usar todas las fisuras de tu personalidad (tus puntos débiles) en tu contra y a su favor, por lo que el objetivo es cerrarle al abusador la mayor cantidad de accesos posibles a ti.

Debes saber que esa persona hará todo lo que esté a su alcance para derribar los límites que le estableciste, por lo que si te llama desde un número desconocido y accidentalmente atiendes y le reconoces la voz, automáticamente corta la llamada y bloquea el número. Si te escribe por e-mail, no respondas y elimina el correo sin siquiera leerlo, para que sus palabras no se infiltren en tu mente.

Es posible que al no lograr vencer tus límites se presente en tu espacio: tu trabajo, la puerta de tu casa, el gimnasio... Si esto ocurriera, debes decirle que no quieres ningún tipo de contacto con él o ella y que, si no lo entiende, acepta y respeta tus límites, vas a recurrir a la vía legal, presentando la denuncia correspondiente en su contra (algo que harás si las situaciones de acoso y hostigamiento continúan).

Evita tomar algún tipo de decisión respecto de esa persona si has bebido alcohol o estás bajo el efecto de alguna sustancia. Tu disonancia cognitiva está latente y estás tratando de salirte de un vínculo traumático.

Aléjate del teléfono.

No lo desbloquees.

No busques información sobre esa persona en redes.

No tengas contacto con personas de su entorno que puedan funcionar como monos voladores del narcisista e incitarte a retomar contacto con él. Son sus soldados, recuérdalo.

Mantente alejado de aquellos que, sabiendo que viviste una relación de abuso, se mantienen neutrales (para la víctima es muy difícil soportar el dolor de la neutralidad de los conocidos). Estás en tu derecho de tomar distancia de ellos (la posición de neutralidad ante el abuso daña a la víctima).

Si por algún motivo —como tener hijos en común— no puedes hacer contacto cero, mantén el mínimo contacto posible.

III. Piedra gris

Convertirte en una piedra gris es una técnica de gestión emocional que significa no reaccionar ante los ataques deliberados de los narcisistas y los psicópatas. No mostrar ninguna emoción, ni positiva ni negativa. Volverte para ellos una piedra gris, aburrida, no reactiva, que no tiene nada para brindarles. Esto los agota porque no reciben suministro narcisista de ti y los lleva a buscar nuevos suministros (nuevas víctimas). Cuando tus respuestas sean aburridas, con monosílabos, breves y monótonas, se distanciarán por su propia decisión, aunque es posible que regresen después de un tiempo para comprobar si pueden lograr obtener de ti la atención y el suministro que alguna vez le brindaste. Tiene que volver a encontrarte convertido/a en una piedra gris cada vez que regrese.

Esta estrategia de escape solo funciona cuando se trata de agresiones pasivo-agresivas sin que haya escalado aún la violencia. Si estás en una situación de violencia física, utilizar esta estrategia aumenta el riesgo de incrementar la ira explosiva del narcisista o del psicópata, que, lejos de aplacar, aviva el fuego de la ira y escala aún más la violencia.

Esta técnica consiste en observar sin absorber, es decir, responder sin reaccionar. Comunícate con el narcisista de un modo poco interesante, de manera insensible a sus abusos.

- ▶ Evita las interacciones con la persona abusiva.
- ▶ Las interacciones que mantengas deben ser breves.

- Responde sus preguntas con monosílabos.
- Comunícate sin emociones de ningún tipo.
- No compartas información personal sobre tu vida.

El objetivo es lograr que la persona abusiva pierda interés y detenga su abuso emocional.

IV. Ayuda profesional especializada

Cuando hayas podido identificar que estás en una relación con una personalidad narcisista o psicopática, es necesario que busques ayuda profesional especializada en trauma por abuso narcisista, trastorno por estrés postraumático y trauma complejo. Vas a necesitar un profesional especializado que pueda acompañarte, guiarte y brindarte soporte moral mientras transitas el proceso de recuperación.

Un error cometido dos veces es una elección.

Jean Paul Sartre

PALABRAS FINALES

Sé que por momentos puedes sentirte protagonista de una película de amor y en otros, de un drama o una película de terror. Y la realidad es que, según la etapa del vínculo abusivo que estés transitando, es posible que los tres géneros se correspondan con tus vivencias.

Para finalizar este libro, quiero dejarte algo muy claro: no eres culpable de estar en una relación con una personalidad narcisista o psicopática ni has hecho nada para atraer a tu vida a este tipo de personas. No te sientas culpable ni sientas vergüenza por estar atrapado en este laberinto infernal, oscuro y perverso, en el cual se manejan reglas que no conoces y donde tus valores parecen no servir de nada. No eres culpable. Eres víctima. Y decir que eres la víctima en este vínculo de amo-esclavo no es revictimizarte sino dejar claro que no pesa sobre ti ninguna responsabilidad. Tu única responsabilidad es, una vez que hayas descubierto que estás en una relación abusiva con una personalidad narcisista o psicopática, buscar ayuda profesional y trabajar en ti para transitar el proceso de sanación y recuperación.

Es probable que, si estás en una relación abusiva, hoy puedas ver tu recuperación como algo lejano e imposible y que sientas que no vas a ser capaz de salir, pero eso no es cierto. Podrás sanar y recuperarte. Podrás salir. Ten presente que en una relación abusiva donde recibes constante maltrato, lo que el abusador termina logrando es despojarte de tus derechos, de tu humanidad y de tu dignidad de persona. El abusador lo que pretende es reducirte al no ser, busca que pierdas tu identidad y quedes reducida física, económica, social, emocional y psicológicamente. Te quiere en situación de sumisión y para eso va a buscar por todos los medios hacerte sentir que no tienes ningún valor, para así quebrar tu voluntad desde la reiterada humillación hasta que sientas que has perdido el control y el poder sobre tu vida. Por eso sientes que no puedes salir de este vínculo abusivo y te percibes cada día más inútil, porque con la invalidación constante de tu ser se ha construido una herida de humillación.

Pero esa herida sanará y vas a poder reconstruirte y volver a tomar contacto con tu ser, a sentir tu humanidad, tu valor y tu dignidad. Nunca has dejado de tener poder sobre tu vida, solo secuestraron tu mente para que dejaras de percibir que lo tenías. A pesar de que hoy no puedas verlo, tienes todos los recursos necesarios para salir de este vínculo y recuperar tu libertad. Esos recursos están en ti, siempre lo estuvieron. Te habitan, son parte de quien eres, te constituyen. Solo tienes que recordar cómo utilizarlos y entrenarlos, acompañado por un guía experimentado que te acompañe a transitar el camino de salida y a implementar las estrategias de escape que te saquen de este vínculo abusivo para siempre.

Muchos relatos que has leído en este libro pertenecen a historias reales (ficcionadas con la finalidad de proteger la identidad de los protagonistas) de personas que, como tú, estuvieron en vínculos abusivos y sentían que salir de ellos era imposible. Muchos pudieron salir, sanar y recuperarse. Otros aún están atravesando el proceso y estoy segura de que van a lograrlo. ¿Por qué no podrías lograrlo tú? Estoy convencida de que, junto con la última página de este libro, se cierra en tu vida una etapa y vas a empezar a escribir una nueva, buscando ayuda para recuperar tu libertad, tus derechos y tu dignidad.

Cada uno de los que te antecedieron en este proceso de sanación y recuperación son testimonios vivos que gritan desde estas páginas que es posible salir y sanar.

Que así sea también para ti.

Lic. Analía Forti

Ella y la huella

Aquella noche, como cada noche, abrí mi correo electrónico y, entre tantos que había en la bandeja de entrada, estaba el de ella.
Fui directo a él y comencé a leer:

> Ana, te comparto algo que escribí ayer.
> Me van cayendo fichas tanto tiempo después...
> Esto que ha salido es tuyo también, por eso quiero que lo tengas.
> Sabes que cuentas con toda mi disposición para colaborar en lo que necesites para ayudar a otras personas a ver lo que es tan difícil de ver, desde alguien que estuvo sentada en la misma silla y colgada del mismo abismo.
> Una minimiza, normaliza... Cuánto cuesta dimensionar tanto daño que fue lastimando como una pequeña agujita y un día te abre un agujero y no sabes cómo empezó ni cuándo.

Volver a ser

> Y porque había dejado de mirarme tanto tiempo para mirarlo a él, me había olvidado de cómo era yo.
> Por adivinar sus recovecos lóbregos olvidé mis luces, y también perdí de vista mis propias sombras.
> Su ser omnipresente me encandilaba y me subyugaba.
> Sus olvidos ocultaron mis despistes naturales.
> Sus explosiones escondieron mis frecuentes arrebatos.

Sus destellos apagaron mis luces, cada vez más tenues.

Sus desdenes exagerados ocultaron mis tibios malhumores.

Su saber erudito aplastó mi curiosidad ingenua.

Su ser implacable y desconfiado minó mi confianza en el mundo y en la gente.

Dejé de reconocerme, me definía en función de él.

Su reconocimiento se volvió mi norte, mi instinto se escondió de miedo.

Sin él, no era.

Mis días corrían analizando la característica de su mirada, del gesto de su frente, del tono de sus buenos días.

Si él reía, yo reía. Si él no hablaba, el día se apagaba.

Mi ánimo se definía por el suyo.

Si me extendía su mano, se despejaban los cielos.

Existía para escudriñarlo, percibirlo, interpretarlo, y solo ansiaba que volviera a mirarme así... como a veces me miraba, a halagarme, no importaba si solo era un ratito... Bastaba para saber que allí estaba su amor por mí, que si esperaba, que si hacía las cosas bien y no lo molestaba, entonces... entonces... Esperanza... Su nube oscura se instaló en la casa.

Y un día llovió y tronó y se rompió el hogar en mil pedazos.

Yo creí que lo adoraba, creí sentir el más profundo de los sentimientos, tan único que valía perderme y autodestruirme por tenerlo.

Me perdí...

Sin él, NADA.

Y un día llegaste tú, con tu sonrisa calmada, tu inteligencia sin aspavientos, tu nobleza inmensa, tu inacabable amabilidad.

Te arrimaste con pasos sabios, paciencia de silencios que respetan y dan tiempo y no preguntan.

Me colmaste de besos tiernos, me diste un hogar en tus brazos... Me acogiste, nos acogiste (porque éramos dos las damnificadas), y entonces, en esa emoción nueva, confortable, cálida, que cura, que calma, que arrulla, me enseñaste lo que es el AMOR.

Y así supe que aquel sentir intenso que se definía por el grado del sufrimiento que lo acompañaba no era amar y que la mueca temporal que debía comprar con sacrificios no era alegría; y que la calma que sigue al insoportable agotamiento nada tiene que ver con la PAZ.

Hice un clic para responder.
Y enviar.
Y así confirmar lo que afirmaba Carl Rogers (1951-1957), quien fue el primero en defender que «La psicoterapia es efectiva no tanto por el empleo de determinadas técnicas, sino por el tipo de relación que se establece con el paciente. Ser empático, congruente, cálido y aceptar positiva e incondicionalmente al paciente son las características fundamentales que debería tener el terapeuta».

No podía finalizar este libro de una manera más auténtica que citando las palabras textuales de ella, que conoce la huella.

Lic. Analía Forti

BIBLIOGRAFÍA

American Psychiatric Association (APA), *Manual diagnóstico y estadístico de los trastornos mentales DSM-5*, Editorial Médica Panamericana, 2014.

Bernstein, Albert J., *Vampiros emocionales*, Madrid, Editorial Edaf, 2012.

Capron, E. W., «Types of pampering and the narcissistic personality trait», *The Journal of Individual Psychology* (2004), 60(1), 77-93.

Claudio, L., «Can parenting styles affect the children's development of narcissism? A systematic review», *The Open Psychology Journal* (2016), 9(1), 84-94.

Cramer, P., «Young adult narcissism: A 20 year longitudinal study of the contribution of parenting styles, preschool precursors of narcissism, and denial», *Journal of Research in Personality* (2011), 45(1), 19-28.

Foster, J. D., y R. F. Trimm, «On being eager and uninhibited: Narcissism and approach-avoidance motivation», *Personality and Social Psychology Bulletin* (2008), 34(7), 1004-1017.

Freyd, J., «Violaciones del poder, ceguera adaptativa y teoría del trauma por traición», en *Feminismo y Psicología* (1997), pp. 7, 22-23.

Freud, S., *On narcissism: An introduction*, J. Strachey (Ed.), Standard edition (vol.14), Londres, Hogarth Press, 1914.

Forti, Analía, *Secretos de Familia. Un silencio que no es salud*, Ed. Autores de Argentina, Buenos Aires, 2023.

—, *Poder sobre tu vida*, Buenos Aires, Ed. Hojas del Sur, 2018.

Hirigoyen, Marie-France, *El acoso moral. El maltrato psicológico en la vida cotidiana*, Barcelona, Ediciones Paidós, 2013.

Moya Guirao, María, «Narcisismo primario y narcisismo secundario», Psicoterapeutas EU: <http://psicoterapeutas.eu/tag/amor-objetal/>.

Oliveros, C. Sergio, «La familia narcisista: una fábrica inagotable de neurosis experimentales», de Grupo Doctor Oliveros, <http://la-familia-narcisista-una-fabrica-inagotable-de-neurosis-experimentales/>.

Tarnowski, Belén C., *La estafa emocional. Causas, consecuencias y cómo sanar las relaciones con personas narcisistas y psicópatas*, Mendoza (Argentina), Ed. Tinta de Luz, 2022.

Trechera, José Luis, Genoveva Millán Vásquez de la Torre y Emilio Fernández Morales, «Estudio Empírico del Trastorno Narcisista de la Personalidad (TNP)», *Acta Colombiana de Psicología* (julio-diciembre 2008), vol.11 n.º 2, 1.

Universidad Nacional Autónoma de México [UNAM], Facultad de Psiquiatría, «Trastornos de la Personalidad», julio, 2020, Universidad Nacional Autónoma de México (UNAM), <http://psiquiatria.facmed.unam.mx/docs/ism/unidad2.pdf>.

Vives P., Ana, «Relaciones objetales», Psicoanálisis (2020), <http://www.psicoanalisis.com/ relaciones-objetales-2/>.

Zermeno, Mauricio, *Matriarcado narcisista. Cómo sobrevivir a un Sistema Familiar Narcisista*, México, Metadata Mexico, 2020.

ÍNDICE

Palabras de la autora 9
Esas putas banderas rojas 13
La personalidad narcisista 19
   Tipos de narcisista 27
   Diferencias con la personalidad psicopática 29
   Banderas rojas 39
   Experiencias facilitadoras del desarrollo de una
      personalidad narcisista 42
   ¿Por qué los narcisistas se comportan de ese modo
      con los demás? 45
   El tiempo y el contacto cero como aliados
      de la víctima 53
   ¿Qué tipo de personas quedan atrapadas en vínculos
      con perfiles narcisistas? 55
   ¿Con qué personas no se siente cómodo el narcisista? 56
   Separarse de un narcisista 57
   ¿Y cuando hay hijos? 59
   La familia narcisista 61
   La madre narcisista 67
   El padre narcisista 74
   Hermanos narcisistas 77
Estrategias de ataque 87
Relatos de consulta I 95

Fraude 97
  Yo me voy a curar de ti 100
  La vida sin ti 108
  La casa en silencio 112
  La mala madre 115
  El autoengaño 119
  Cerca de la cima 122
  La esposa del psicoanalista 125
  La madre mártir 128
  Con sentencia de muerte 132
  Banderas rojas 134
  Quiciera (sin s) 137
  El psindicato 140
  Arréglate solita 143
  En el nombre del Padre 147
  Watson 150
  Ponce 153
  Rumba 158
  El editor 162
  Bombilla rosa 164
  Feliz cumple atrasado 166
  Error 169
Hijos narcisistas 177
  La crianza de hijos narcisistas 179
Relatos de consulta II 189
  Jeremías (quince años) 191
  Juani (diecisiete años) 194
  Cordelia (trece años) 197
  Ezequiel (cuatro años) 201
  Juana (catorce años) 204

Axel (veintitrés años) 206
DAE: Derecho de autocuidado emocional 210
    Trauma por abuso narcisista 219
    Frases narcisistas que son banderas rojas 223
Estrategias de autocuidado en cada etapa del ciclo
del abuso narcisista 229
Estrategias de escape 237
    I. El proceso de sanación y salida del abuso
       narcisista 239
    II. Contacto cero 246
    III. Piedra gris 249
    IV. Ayuda profesional especializada 251
Palabras finales 255
    Ella y la huella 259
Bibliografía 263